세계
대전환

포스트-코로나, 바이든 시대, 지구촌 미래

세계 대전환
포스트-코로나, 바이든 시대, 지구촌 미래

차례

프롤로그
Post-Corona, 바이든 시대에 거는 희망 | 이호진

이 프로젝트를 왜 하는가	08
국제질서 대변혁 계속된다	09
국제경제 질서도 바뀌고 있다	12
낙관적 전망은 가능할까	13
세계 속의 한국은	15
늘 세계지도를 보자	16

Chapter 1.
미·중 패권전쟁과 국제질서의 변화 | 한석희

I. 서론: 미·중 갈등의 심화	24
II. 미국의 대중 압박 전략	26
III. 중국의 대미 지구전(持久戰) 전략	30
IV. 미국대선과 미·중 패권전쟁의 향방	34
V. 결론: 국제질서 변화 가능성과 한국의 대응	38

Chapter 2.
다자주의의 이상과 현실:
유엔 체제 및 다자주의의 위기의 이해 | 박흥순

I. 코로나 사태와 다자주의의 위기	52
II. 다자협력체제의 위기의 양상과 요인	54
III. 다자주의, 자유주의 국제질서와 미국	59
IV. 미국의 다자외교의 변화와 지속	63
V. 중국의 다자외교의 강화와 도전	72
VI. '포스트 코로나' 시대의 글로벌 거버넌스의 과제	77
VII. 다자주의의 대전환을 위하여	83

Chapter 3.
팬데믹 시대 인간안보 국제협력:
'자유주의 국제질서(LIO)' 복원을 위한 소고(小考) | 이신화

I. 들어가는 말	90
II. 기로에 선 자유주의 국제질서	94
III. 자유주의 국제질서 복원을 위한 구상: 인간안보 국제협력	99
IV. 한국의 '인간안보 국제협력' 선도를 위한 제언	112

세계 대전환
포스트-코로나, 바이든 시대, 지구촌 미래

Chapter 4.
글로벌 그린뉴딜 추진 동향과 국제적 함의 | 손성환

I. 글로벌 그린 뉴딜의 배경	120
II. 미국의 그린 뉴딜 추진 경위 및 내용	122
III. EU의 유럽 그린딜 내용 및 주요 후속조치	128
IV. 한국판 그린뉴딜 평가	139
V. 글로벌 그린뉴딜의 국제적 함의 및 대응	142
VI. 맺음말	144

Chapter 5.
코로나19와 한국의 중견국 외교 | 김상배

I. 코로나19 시대의 한국 외교, 무엇을 해야 하나?	150
II. 코로나19는 새로운 종류의 국가안보 위험이다	152
III. 미국과 중국의 국제 리더십은 실종됐는가?	154
IV. 글로벌 보건 거버넌스의 구조적 공백?	157
V. 중견국 외교의 딜레마인가 기회인가?	159
VI. '매력발산'과 '내편 모으기'의 기회와 과제	161
VII. 보건안보 분야 글로벌 및 지역 거버넌스 참여	164
VIII. 보건안보의 '서울 프로세스'는 가능한가?	166

Chapter 6.
국제경제환경의 변화와 신국제경제질서 | 이재승

I. 코로나19가 가져온 경제 위기	172
II. 새로운 승자와 패자의 등장	176
III. COVID19의 사각지대: 빈곤과 불평등	178
IV. 지속가능발전에 던져진 도전과 기회	180
V. 국제다자경제기구와 새로운 경제 거버넌스	182
VI. 결론: 포스트-코로나 시대의 한국 경제의 선택	184

Chapter 7.
미국 바이든 정부 출범과 한국의 외교 | 이호진

I. 바이는 정부 대외 전략과 정책 전망	192
II. 한국 외교의 위기	207
III. 북한의 현 상황과 체제 전망	216

저자약력   223

Post-Corona, 바이든 시대에 거는 희망

이호진 | 유엔한국협회 회장(대행)

- 이 프로젝트를 왜 하는가
- 국제질서 대변혁 계속된다
- 국제경제 질서도 바뀌고 있다
- 낙관적 전망은 가능할까
- 세계 속의 한국은
- 늘 세계지도를 보자

Post-Corona,
바이든 시대에 거는 희망

이 프로젝트를 왜 하는가

작년 2020년 한 해는 코로나바이러스(COVID) 판데믹 사태로 말미암아 전 세계가 커다란 고통을 당하면서 통째로 잃어버린 1년이 되어버렸다. 1년이 아니라 앞으로도 몇 해에 걸쳐 그 고통과 피해를 감내해야 될지도 모른다. 각국의 경제는 많이 훼손되었으며 각자 살기에 바빠졌고 국가간 관계도 협력은커녕 갈등이 더 커졌다. 새해 벽두에 미국에서 벌어진 폭도들의 의회 난입을 정점으로 트럼프가 초래한 최악의 혼란상황을 끝내고 새로 출범하는 바이든 정부에 온 세계가 조그마나마 희망을 갖게 되는 이유는 무얼까? 골이 깊었으니 산이 높아질 거라는 반전의 시작일까?

쿨 헤드로 다시 돌아가 보면 — 백신과 치료제 개발에 힘입어 코로나사태가 완화된다 해도 각국의 산업 생태계가 달라지고 산업 간 연계, 분화, 우위경쟁 패턴도 새롭게 형성될 가능성이 크다. 온통 망가진 세계경제가 침체에서 벗어나 성장국면으로 되살아 날수 있을지 아직도 회의론이 많다. 국가간 경제적 생존경쟁은 더욱 치열해져 국제관계가 양자적 또는 지역적으로 응집(cohesion)과 결별(decoupling)의 현상이 심하게 나타날 것이다. 이미 삐걱거리는 국제관계, 혼돈이 깊어질 대로 깊어진 세계질서가 과거처럼 제대로 작동하는 시스템으로 복귀할 수 있을 것인가?

이러한 혼돈과 초불확실성에 빠진 세계적 상황을 단지 우려하는 데 그칠 일은 아니다. 이를 분석하고 대비책을 생각해 보는 것은 모두에게 중요하다. 그러한 상황인식에서 출발하여 이 국제정세 전망 프로젝트가 기획되었다. 코로나사태가 온통 국내외 질서를 재앙으로 빠뜨릴지 모른다는 위기감이 프로젝트를 재촉하였지만 연구와 토의를 거치면서 이미 몇 해 전부터 나타나기 시작한 국제질서의 큰 변화, 전환 양상, 그 영향을 분석하는 데 초점이 맞춰졌다.

CNN의 세계문제 대담 'GPS'프로의 진행자 Fareed Zakaria가 최근 발간한 저서(Ten Lessons for a Post-Pandemic World)에서 코로나사태 이후의 세계가 어떻게 변할 것인지를 전망하였다. 그는 이번 코로나 판데믹은 과거 흑사병이나 스페인독감이 끼친 전 지구적 재앙수준은 아니고 쉽게 극복할 수 있을 것이라고 하면서 국내사회와 국제사회에 던지는 10개의 교훈을 제시하였다.

10개의 교훈 중에 눈에 띄는 대목 두 가지를 들자면, 하나는, 국내 거버넌스 개혁이 시급하다는 것 — 즉 자본주의 주역들이 사회주의 방식은 아니더라도 국가(정부)의 역할을 확대하는(자유시장경제 시스템의 조정, 기본소득제도 등 개인의 자유와 복지 균형) 것을 받아들여야 한다는 점이다. 다른 하나는, 코로나사태가 국제적으로 세계화(자본, 노동, 상품 자유이동) 현상을 축소, 조정하거나 질적인 변화를 가속화 시킬 것이라는 얘기인데, 이 프로젝트에서도 논의의 바탕이 되는 역사적 흐름이다.

국제질서 대변혁 계속된다

20세기의 마지막 1990년대 소위 탈냉전 시대에 국제관계에 관한 거대 담론 2개, 즉 '역사의 종언'(Francis Fukuyama 저)과 '문명의 충돌'(Samuel Huntington 저)이 풍미하였다. 전자는 인류의 이념과 체제 경쟁에서 자유주의적 경제와 정치체제의 승리, 자유주의적 국제질서의 확립으로 이념투쟁의 역사는 끝났다고 했다. 그러나 2008년 세계 금융위기가 발생한 이후 다양한 정치·경제적 변화가 겹치면서 그 주장은 시들해졌다.

후자는 문명(이념, 종교를 포함)의 충돌은 계속된다는 것. 21세기 들어서자마자 2001년 미국에 대한 9/11 테러공격은 이를 증명해 보였는데, 미래에도 충돌은 오로지 종교적 갈등에 그치지 않고 여러 형태로 나타날 것이다. 최근 미국과 중국이 벌이는 패권경쟁이 그 한 예라 할 수 있는데, 그 양상이 매우 복잡하고 앞으로 어떻게 귀결될지 예상하기 힘들다.

어느 주장이 맞고 틀리고의 문제는 아니다. 국제질서는 2개 담론이 제시하는 속성을 작거나 크거나 모두 갖고 계속 변하고 있음이 틀림없다. 9/11 테러사태 이후 20년 도도히 전개된 세계화 과정에서는 이념과 종교적 차이에서 비롯된 분쟁은 잦아들었고 세계적, 지역적 국가간 협력은 크게 강화되었다. 그렇듯 매우 협력적이던 국제관계가 왜 최근에 와서 급변하게 되었는가? 그 근저에는 경제의 양극화 현상과 정치의 대중화(포퓰리즘 정치)가 자리 잡고 있다고 생각된다.

국제사회는 벌써 21세기에 들어와 세계화 과정의 부산물과 문제점들이 쌓이면서 변곡점이 드리워져 있었다. 2020년 벽두에 우리 유엔협회는 국제정세를 전망하는 토의에서 2020년대 국제질서가 총체적 혼돈과 불확실성이 계속되고, 각국이 각자도생(各自圖生)을 추구하며, 반세계화의 흐름 속에 국제협력이 후퇴할 것이라고 요약한 바 있다.

작년 9월 The Economist가 막 개막된 UN총회(General Assembly)를 General Non-Assembly라 칭하면서 코로나사태로

인해 세계 각국의 정상들이 아무도 참석하지 못한 회의장 사진을 게재한 것은 흥미롭지만 처절하다. 그리고 현 세계질서(World Order)를 무질서(World Dis-Order)라고 표현하였는데, 75주년을 맞이한 유엔이 처음 경험하는 일이다.

그 조짐은 이미 5~6년 전부터 보이기 시작했다. 많은 국가들이 2008~9년 세계적 금융위기(Great Recession)를 잘 극복 하는가 했더니 각자의 '경제 살리기'에 몰두하였다. 미국이 발휘하던 세계적 리더십도 축소되기 시작됐다. 2012년 아랍스프링(중동국가들의 민주화 열풍)과 이를 외면한 미국 오바마 정부의 중동지역 철수(disengagement) 개시로 원유공급 등 전략 요충이었던 중동지역이 쑥대밭이 되었다. 이로부터 촉발된 난민(refugees)의 유럽 유입, 유럽정치의 우경화와 민족주의 대두, 영국의 EU 탈퇴(Brexit) 등 우리가 이미 목격한 현상들이다. 여기에 더해 2016년 대선에서 승리한 트럼프 대통령은 '미국 우선주의'를 표방하고 기존의 국제질서를 흔들기 시작했다.

세계질서의 중심을 잡아온 미국-유럽 대서양협력의 축(axis)도 많이 틀어졌다. 미국 리더십의 공백을 틈타 푸틴 대통령의 러시아와 시진핑 주석의 중국이 파고들었다. 유럽의 정치지형 변화, 중동의 내란과 혼돈, 남중국해 해양질서 위기 등이 아직도 계속되고 있다. 여기에 코로나사태가 덮친 세계는 국가간 협력이 더욱 절실한 상황임에도 불구하고 주요국 정상들은 자국 내 문제해결에 급급할 뿐 글로벌 문제에 대한 공동해결책 모색을 외면하였다. 그들은 오직 미국에서 트럼프 대통령의 재선이냐 아니면 퇴진이냐에 촉각을 곤두세울 뿐이었다.

결국 미국 대통령선거가 죠 바이든 민주당후보의 승리로 끝났다. 한국, 일본, 중국은 물론 유럽, 아시아, 중동, 아프리카, 중남미 등 세계 각국의 정상들은 물론 국민들 모두가 그 혼란스러웠던 미국선거

과정과 결과를 지켜봤다. 미국이 세계 도처에 막대한 영향을 미친다는 것을 반증하는 모습이었다. 이를 볼 때 미국이 아직도 세계 최강국임에는 틀림이 없는 것 같다.

한마디로 2020년은 혼돈과 불확실성이 극도에 달했던 한 해였다. 이미 대 변혁기에 들어선 국제질서에 설상가상으로 닥친 코로나사태로 각국의 국내정치는 물론 국제관계를 더욱 흔들어 놓았다. 여기에 민주주의 본산인 미국에서 대통령 선거과정이 극도로 혼탁했던 것은 미국의 정치와 경제 사회 정책의 변화를 가져올 것이다. 국제사회의 리더 격인 미국에서의 대선 결과, 즉 트럼프의 패배, 바이든 대통령의 등장이 미국뿐만 아니라 한국을 포함한 국제사회에 어떤 형태로든 커다란 임팩트를 줄 것이다.

국제경제 질서도 바뀌고 있다

코로나사태 발생 이전 수년 전부터 이미 자본주의 시장경제를 핵심으로 하고 자유주의적(liberal), 개방적 경제활동(상품, 노동, 자본, 사람의 국경간 자유이동)으로 대변되는 세계화가 후퇴하거나 수정되는 큰 변화를 겪을 것으로 예상되어 왔다. 갑작스럽게 들이 닥친 코로나 판데믹은 그 변화를 더욱 급속 시키고 있는 것이다.

국내경제 측면에서는 이미 뚜렷해진 경제의 불평등과 양극화 현상은 실물경제 주체, 특히 제조업 근로자들의 임금정체를 가져왔으며 비자유주의(illiberal) 정치행태, 민족주의, 권위주의 정권을 탄생시키고 있었다. 이는 자국우선 내지 각자도생의 경제로 방향을 틀게 만들어 국제경제에 심각한 변화를 초래하게 된다. 보호무역주의가 횡행하게 되었고 국제무역이 위축되어 가면서 국가간 공급망(supply chain)도 무질서해질 위험성이 커졌다. 전후 브레튼우즈 체제를 근간으로 확립된 국제경제 질서도 점점 혼탁해지고 있다.

에너지 수요공급의 변화도 국제질서를 흔들고 있다. 2020년 코로나사태로 석유수요가 1/5 이상 줄었으며 가격도 급락하는 등 에너지 전략이 널뛰기(volatile shift)를 하고 있다. 미국 대선에서 트럼프 패배, 바이든 승리는 다른 어느 분야보다도 에너지 정책에 대전환을 가져올 것이다. 바이든 후보는 대선에서 승리하자마자 기후변화 대처에 최우선순위를 두겠다고 선언하였다.

여기에 큰 덩치의 경제, 산업 규모를 가진 중국이 어떤 에너지전략을 취하느냐가 중동지역의 정세뿐만 아니라 세계의 정세 흐름, 질서 변화에도 큰 영향을 줄 것인데, 중국의 그린뉴딜 정책, 그린 공급체인의 향배를 주시할 필요가 있다. 코로나사태 이후 나타나는 에너지 수요공급 변동에 더하여 각국이 기후변화 대책의 일환으로 저탄소 정책을 본격 시행할 것으로 보이는데, 이는 에너지 수요공급 곡선을 가파르게 바꿀 것이다.

뉴욕타임즈(NYT) 지는 최근 세계 최대의 에너지 기업 "Exxon Mobil이 생존할 수 있을까? 기로에 서있다"는 기사를 실었다. Exxon은 코로나사태 등 여파로 2020년 3분기까지 250억불의 손실을 봤다고 한다. 많은 기업들이 그린에너지 산업에 투자를 대폭 증가하는 등 에너지 수요공급 변화를 잘 예측하고 최적의 비즈니스모델을 선택해야 하는 시점이다.

낙관적 전망은 가능할까

국제질서의 혼돈상태에 빠져든 원인을 어디에서 찾을 수 있을까? 저명한 국제문제 칼럼니스트 George Friedman은 2020년 발간한 저서(The Storm before the Calm)에서 미국은 폭풍 같은 현재 매우 힘든 시기 - 불화와 분열의 시기를 지나고 있으나 멀지 않아 2020년대 후반 평온해질 것이라고 진단했다.

전문가들은 미국의 국제리더십 상실이 오늘날 국제질서가 혼돈에 빠진 원인의 하나로 파악한다. 그러나 Friedman은 2030년까지는 미국이 세계질서의 리더로 재등장 할 것이라 내다봤다. 중국이 현재 미국에 패권적 도전을 하고 있지만 경제체제와 정치체제의 모순 등 일종의 내재적 딜레마에 빠져있어서 미국의 패권적 지위를 결코 대신할 수 없을 것으로 진단하고 있다.

미국이 1776년 신대륙에 창설한 자유민주주의 체제는 250년 동안 자체 연방 뿐만 아니라 세계 도처에 뿌리를 내리면서 미국에게 최강대국의 지위를 가져다주었다. 앞서 언급한 Fukuyama의 '역사의 종언'이 잘 설명해주고 있다. 그런 미국이 왜 다시 흔들리고 있는 것일까?

많은 전문가들은 미국식 자본주의와 개인주의가 심화되면서 불가피하게 발생하는 '경제의 양극화'에서 그 원인을 찾는다. 미국 내에서도 빈익빈 부익부의 현상이 두드러져 정치사회 발전의 대들보로 여겨졌던 '중산층' 특히 백인 중산층이 중하위 소득계층으로 하락했다. 이들이 1996년 대선에서 트럼프를 지지한 '백인 산업노동자' 계층이다. 전통적으로 민주당을 선호했던 백인 노동자층이 대거 트럼프 지지로 선회하여 그에게 대선승리를 안겨줬다.

사회주의에 익숙한 유럽에서도 '경제 양극화' 현상이 국내정치의 판도를 흔들기 시작했다. 2015년 격화된 중동지역 내란에서 비롯된 난민(refugee)이 대거 유입되기 시작하자 그렇지 않아도 살기 어려워진 유럽인들에게는 인권, 인도주의가 안중에서 멀어졌다. 중유럽 국가들에서 반이민적 극우 정당의 득세, 영국의 EU탈퇴로 이어졌다는 것은 앞서 얘기한 바이다. 한국을 포함한 많은 나라에서 보수든 진보든 불문하고 인기영합 포퓰리즘 정치가 판을 치는 것도 비슷한 현상이다.

문제는 어떻게 경제의 양극화 현상을 완화, 더 나아가 해결할 수 있느냐이다. '경제의 정치이념화'도 문제이다. 이런 정치행태가 계속되는 한 정치도 생산적이지 못하고 경제도 성장은커녕 현상유지도 힘들어질 수 있다. CNN 앵커 Zakaria가 제시한 바대로 경제양극화를 완화하기 위해 정부의 건설적 개입을 확대해 나갈 필요성이 주장되기도 한다. 그러나 헌법적 원칙으로 확립된 사유재산제도, 시장경제 자본주의 원칙을 위반해서는 경제 혼란을 벗어나기 힘들다. 균형적이되 파괴적이 아닌 생산적 방향에서의 경제운용에 관한 사회합의(Social Contract)가 필요할 것이다.

세계 속의 한국은

오늘날 지구상에서 어느 국가라도 주권(sovereignty)을 가졌다 해서 홀로 살아갈 수는 없다. 현재 국제사회는 193개(UN 회원국 기준)의 주권국으로 구성되어 있는데 모든 국가가 다른 국가들과의 관계, 즉 국제관계의 질서 속에 안보를 유지하고 경제를 발전시켜 가면서 생존한다.

그 중에서도 국제질서 형성과 변화의 주역은 소위 강대국(super powers)들이다. 이에는 전통적으로 UN 안보리 상임이사국 5개국(P-5)과 경제선진국그룹(G-7)이 있고, 최근에 중국이 '신형 국제관계 대국'이라 내세운 소위 G-2를 들 수 있다. 이들 강대국 중에서 세계경제대국 1,2위로서 패권경쟁을 벌리고 있는 미국과 중국, EU의 주역인 독일과 프랑스, EU탈퇴를 단행한 영국, 유럽 정치지형을 흔들고 있는 러시아, 동아시아지역 경제 강국 일본이 있다.

한국은 강대국은 아니지만 그간 키워온 경제력을 바탕으로 상위 선진국(upper-middle advanced powers)에 속한다. 경제선진국그룹(OECD) 멤버이며 2008~9년 세계 금융위기 직후 출범한 G-20의 일원이기도 하다. 국제질서를 주도하지는 못했더라도 급변하는 국제질서의 흐름을 잘 알고 대처했다고 할까, 20세기 후반 제2의 세계화가 도래하기 이전부터 산업화와 개방경제를 통하여 선진국을 건설하였다. 탈냉전 이후 만개한 자유주의 경제-통상시스템과 협력적 국제관계 속에 선진국 지위를 향유할 수 있었다.

세계 제12위(GDP기준) 경제선진국인 한국의 GDP 원천(source)을 보면 대략 70% 이상이 대외관계(국제) 부문이 차지한다. 대외무역(수출입), 해외 투자와 생산 등이 그것인데, 세계의 정치와 경제적 상황에 큰 영향을 받지 않을 수 없다. 경제의 대외의존도가 매우 큰 만큼, 정부는 물론 기업들도 국제관계의 변화와 향후 전망을 정확히 인식하는 것이 필요하다. 더 나아가 그 대세의 등에 올라타지 못하면 경제가 후퇴할 수 있고 국제적 지위도 흔들리는 쓰라림을 겪을지도 모른다.

늘 세계지도를 보자

경제 침체가 장기화될지 모르는 우려 속에 한국은 코로나사태 이후 더욱 복잡하게 변모하는 국제질서에 선제적으로 대비할 필요성이 커졌다. 어떤 전략을 갖고 새로운 도전과 위기에 대응하고 이를 극복할 수 있을 것인지? 이런 엄중한 질문에 대해 답을 찾는 노력을 해야 한다.

최근 우리의 대외, 국제관계에 대하여 제기되는 몇 개 중요한 질문이 있다. 한-미 동맹관계가 위험수위로 무너지고 있다는데, 20세기를 지나 21세기에도 한-미 동맹은 지고의 가치는 아니더라도 계속 유지, 강화되어야 하는 존재인지? 아니면 그것이 무너지는 것을 방치해도, 현상유지 상태로 나둬도 괜찮은 것인지? 최근 미국과 중국 사이에 무역전쟁을 넘어 패권경쟁, 체제경쟁까지 벌리는 상황에서 우리는 어떻게 대응해야 하는지? 이들 두 나라 이외의 다른 국가, 지역은 우리에게 별다른 중요성은 없는 것인지? 등등 우리의 국가발전과 생존에 직결되는 문제이다.

이러한 질문들은 우리에게 주어진 3개의 지정학적 명제에서 비롯되고 있다고 할 수 있다. 첫째, 한반도가 중국, 일본, 러시아 등 강대국에 둘러싸여 있어 역사적, 지정학적 관점에서 독자 생존하기가 쉽지 않고 따라서 이들과의 전략관계 설정이 중요하다는 점, 둘째, 남북한이 아직도 지구상 유일한 분단국가로 남아있고 앞으로 상당기간 그럴지도 모른다는 점, 셋째, 천연자원이 부족한 한국 경제는 (앞에서 언급한 바) 국제부문 의존도가 70%이상 되므로 개방경제 체제 유지가 어쩌면 필수적이라는 점을 들 수 있다.

두말할 필요 없이 위의 질문에 해답을 구하는 데에는 현재 진행형인 세계질서의 대변혁이 어떤 방향으로 흘러가고 있는지, 그것이 우리나라에 어떤 의미를 갖는지를 파악해야 한다. 뿐만 아니라 우리에게 영향을 주는 주요 상대국가들, 특히 한반도 주변 강대국들의 대외전략, 정책을 철두철미 알고 대비해야 한다.

세계의 많은 주요국들이 경쟁과 협력을 추구하는 과정에서 이해관계가 걸려있고 전략적 중요성을 갖는 지역이 있다. 흔히 중동, 유럽 및 동아시아 지역을 들 수 있는데, 이들 지역의 국가간 관계의 다이내믹스 및 외부 강대국의 개입 상황을 파악, 분석하는 것도 필요하다. 그럼으로써 국제정세의 큰 변화를 정확히 파악하고 대비할 수 있기 때문이다.

그 해답을 구하는 노력에는 많은 생각과 토론도 해보고 올바른 관점(perspective)을 세우는 것이 중요하다. 그렇게 하려면 먼저 세계지도를 펴놓고 우리의 위치가 어디 있는지를 인식하는 일이 필요하다고 본다. 국가의 안보와 경제, 생존에 큰 책임을 진 대통령, 총리, 정치와 경제 지도자들은 집무실 한쪽 벽에 커다란 세계지도를 걸어놓고 매일 들여다보아야 할 충분한 이유가 있다.

주제별 구성 배경

이번 프로젝트의 주제로서 대변혁기(大變革期)의 국제정세에 가장 두드러지게 영향을 주는 국가는 소위 G-2 미국과 중국이 아닐 수 없다. 미, 중 양국이 벌리는 패권경쟁의 양상은 무엇이며 세계 및 지역 질서를 어떻게 변모시키고 있는지? 중국은 우리의 이웃국가이며 제1의 무역상대국이고, 미국은 우리의 안보동맹이며 정치, 경제 발전에 가장 큰 후원자였고 앞으로도 그럴 것으로 본다면 이에 관해 깊이 관찰하고 우리가 갈 길을 모색해야 한다.

세계를 움직이는 핵심 국가들이 각자 살기에 바빠졌고 그래서 경쟁은 격화되고 협력은 기대하기 힘든 세상이다. 또한 세계화 추세가 후퇴하고 있는 상황에서 국가간 화해와 협력을 바탕으로 하는 UN이 제 역할을 할 수 있을까? 다자주의, 유엔체제가 위기를 맞고 있고 이것이 기존 국제질서에 어떤 영향을 줄 것인지? 이번 코로나사태 대응과정에서 노정된 국제기구의 문제점을 살피며 이와 관련해 유엔은 무엇이 필요하며 어떤 방향에서 어떻게 개혁해야 하는지?

CNN 앵커 Zakaria가 제시한 10개의 교훈에는 국내사회 거버넌스의 문제뿐만 아니라 글로벌 거버넌스의 문제도 있다. 코로나사태로 확인된 국제보건, 인간안보, 인도적 개입 등 비전통적 안보이슈에 대한 솔루션을 찾는 일이 더욱 절실해졌다. 이러한 문제들이 점증하는 추세의 국제질서는 어떻게 변화될 것이며 이에 대응한 정책과제는 무엇인가?

코로나사태도 어쩌면 지구적 생태계의 변화와 무관할 수 없다. 기후변화는 현 세계, 인류가 직면한 가장 큰 재앙이 될 수 있어 그 심각성은 재론할 필요조차 없다. 이미 문제 해결을 위한 국제합의(Paris Agreement)가 도출되었고, 그린뉴딜의 로드맵도 제시되어 있다. 이 지구적 문제 대응에 각국의 에너지정책의 조화가 요구되는 한편 모든 국가들의 참여가 관건이다. 그러나 많은 선진국들이 경제침체에 처해 있는 엄연한 현실 속에 후진국들에 대한 재정지원, 동원이 얼마만큼 가능할 지?

급변하는 국제질서와 정세 속에 한국외교의 현주소는 매우 참담하다는 비판을 받는다. 지정학적으로 여러 강대국들의 이해관계가 교차하는 한반도, 남북분단의 냉혹한 현실적 제약 속에 한국의 외교는 고차원 방정식을 푸는 전략이 요구된다. 한국외교의 전반적 평가와 향후 진로를 제시하는 일은 많은 시간과 에너지 투입이 필요해 다음 프로젝트로 미루고, 우선 코로나사태 대응과 국제협력을 한 예로 삼아 비교적 한국에게 적합하면서 능동적인 역할수행이 가능할 수 있는 '중견국 외교'의 현황을 살피고 방향을 제시한다.

'국제질서의 대변혁'이 일어나는 근저에는 국내 경제침체의 문제와 신민족주의(Neo Nationalism), 자국우선주의 등 점차 만연하는 정치현상이 깔려있다. 이런 추세는 국가 간 경제, 통상의 질서에 직접적인 영향을 미친다. 기후변화 대응과 관련한 에너지 정책의 향방도 경제, 통상 질서의 변화를 가져올 수 있는데, 해결해야 할 과제는 무엇이며 필요한 정책의 향방을 제시한다.

마지막으로 곧 출범하는 미국 바이든 정부가 이미 크게 달라진 세상, 국제정세에 어떻게 대응할 것인가를 다루지 않을 수 없다. 트럼프 정부에서 원하던 원하지 않던 간에 국제질서가 매우 위험한 지경에 이르렀기 때문에 '미국 리더십 회복'을 제1성으로 천명한 바이든 정부는 트럼프 정부와는 매우 다른 전략, 정책으로 선회할 것이 분명하다. 우리에게도 영향을 크게 미치는 분야를 중심으로 바이든 정부의 대외전략, 정책을 (정부출범 직전의 시점에서) 전망하면서 한국외교가 위기상황에서 벗어나야 할 요소들을 짚어본다.

이 프로젝트를 수행함에 있어 국제정치, 경제, 외교, UN 등 국제기구 분야 국내의 최고 권위자 여섯 분이 참여하였으며 분야별 주제를 하나씩 나누어 맡아서 집필해 주셨다. 코로나사태 속에 많은 일상의 어려움을 감내하면서 특히 온라인 강의 등 혼란스런 학사일정으로 오히려 분주한 시기에 이번 프로젝트의 중요성에 동감하고 집필에 참여해 주신 여섯 분 석학들께 심심한 감사를 드린다.

* * * * * *

미·중 패권전쟁과 국제질서의 변화

한석희

I. 서론: 미·중 갈등의 심화
II. 미국의 대중 압박 전략
III. 중국의 대미 지구전(持久戰) 전략
IV. 미국대선과 미·중 패권전쟁의 향방
V. 결론: 국제질서 변화 가능성과 한국의 대응

미·중 패권전쟁과 국제질서의 변화

I. 서론: 미·중 갈등의 심화

2018년부터 시작된 미·중갈등으로 전 세계가 요동치고 있다. 트럼프의 미국대통령 취임과 함께 미·중갈등은 이미 예견되어 있었고, 그의 "미국 우선주의(America First)"는 급증하고 있는 대중 무역적자에 대한 정책적 조정(관세전쟁)을 불가피하게 만들고 있었다. 이렇게 시작된 미·중무역전쟁은 기술전쟁, 환율전쟁, 그리고 규범전쟁으로 그 성격이 확대되면서 결국 미·중 패권경쟁의 형태로 발전되고 있으며, 패권전쟁의 성격상 양국갈등이 장기화되고 더욱 격화될 것이라는 점은 거의 확실시되고 있다. 특히 2020년 1월 제1단계 합의(Phase 1 Deal)로 어느 정도 완화되는 듯했던 미·중갈등은 생각지도 않았던 코로나19의 확산과 중국의 홍콩보안법(香港国安法) 통과로 더욱 격화되는 양상을 보이고 있다. 양국은 기자추방, 총영사관 폐쇄, 제재의 확산, 홍콩 특별지위 박탈 등 갈등의 강도와 범위를 심화시키는 모습을 보이고 있으며 결과적으로 양국관계가 마치 신냉전(New Cold War)적 대립을 시작하는 듯한 극한대립과 상호비방으로 점철되고 있다.

2018년 7월 시작된 미·중 무역전쟁은 2020년 말 현재까지 2년여의 기간 동안 3단계로 나누어 그 내용을 정리해 볼 수 있다. 우선 제

1단계는 2018년 7월에서 12월 1일(부에노스아이레스 합의)까지의 시기로 미·중 양국이 상호수입품에 대하여 경쟁적으로 관세를 부과했던 시기이다. 제2단계는 미·중 간의 부에노스아이레스 합의에서 시작하여 2020년 1월 15일 1단계 합의(Phase 1 Deal)가 이루어졌던 1년 좀 넘는 시기로 이 기간에 미국과 중국은 협상을 통하여 지식재산권과 기술이전 강제, 서비스 및 농업시장 개방 문제, 비관세 장벽 문제, 국유기업 보조금 문제 등에 대한 합의를 끌어내고 이를 바탕으로 무역전쟁을 종식하려고 시도했던 시기이다. 마지막으로 3단계는 2020년 1단계 합의 이후 갈등이 격화되었던 시기로서 이 기간 동안 미국은 코로나19의 중국발원설과 중국책임론을 강력하게 주장하면서 중국의 코로나19 관련 정보은폐 의혹, WHO에 대한 중국의 영향력 행사 및 배상책임 등 다양한 문제점을 제기하면서 중국을 믿을 수 없는 국가로 낙인찍어왔다. 반면, 중국은 코로나19가 다른 지역에서 중국으로 전파되었다고 반박하면서, "중국은 개방적이고 투명하며, 책임감 있게 대응해 왔다"는 점을 강조하면서 미국의 주장에 반박하고 있다. 또한, 미국이 아무런 증거도 없이 중국을 모함하고 있으며, 이는 트럼프의 재선을 위한 정치전략에 불과하다고 반발하고 있다. 홍콩 국가보안법 통과와 관련해서도 중국은 홍콩보안법 통과로 홍콩의 안보와 안정이 증진되고 '일국양제'가 개선될 것이라고 강조하는 반면, 미국은 홍콩보안법이 홍콩에 주어진 자치권을 심각하게 침해하는 행위라고 반박하고 있다.

이렇게 볼 때, 현 단계 미·중갈등은 비록 무역전쟁으로부터 시작되었지만 결국 패권전쟁으로 점진적으로 발전되고 있으며, 이와 같은 갈등은 앞으로 상당기간 동안 지속될 것이라고 평가할 수 있다. 또한 세계 제1, 2위 경제대국 간의 갈등이기 때문에 이 갈등은 당연히 현존 국제질서에 엄청난 영향을 미칠 수밖에 없다. 따라서 이 글에서는 미·중패권전쟁이 어떤 목표로 시작되었으며, 어떤 이슈들을 놓고 갈등하고 있으며, 결국 어떤 형태로 결론지어질 수 있을 것인지에 대한 나름대로의 분석을 진행하고자 한다.

II. 미국의 대중 압박 전략

우선 미·중 패권전쟁은 중국의 부상에서 기인한 다수의 문제점들을 파악한 미국이 이를 바로잡는 과정에서 시작되었다고 볼 수 있다. 즉 제재의 시작은 트럼프 정부에서 했지만, 중국의 부상과정에서 나타나는 문제점과 이를 바로잡으려는 노력은 이미 그 이전부터 이어져오고 있었다. 특히 트럼프는 기존의 대중인식에 자기만의 색깔을 입혀 중국에 대한 전략을 발전시켜 왔으며, 이는 트럼프 정부의 정부 보고서 및 당직자들의 연설에서 잘 나타나고 있다. 트럼프는 매년 지속적으로 자신들의 대중인식을 노출하는 보고서 및 연설을 진행하였다. 그 예로 미국의 외교·안보적 큰 그림을 담은 2017년 국가안보전략서(NSS: National Security Strategy)는 중국 및 러시아와의 관계가 경쟁적 관계라는 점을 강조하고 있으며, 특히 "중국과 러시아가 미국의 가치와 이익에 정반대되는 세계를 만들기 원한다(China and Russia want to shape a world antithetical to U.S. values and interests)"는 점을 지적하면서 이들을 미국 주도의 자유주의적 세계질서에 대한 수정주의자(revisionist)로 규정하고 있다. 이는 트럼프 행정부가 중국을 확장적 의도(expansionist intention)를 가진 수정주의자, 즉 경쟁자 또는 도전자로 인식하고 있음을 나타내고 있으며, 따라서 미국이 중국에 대한 보다 공세적인 새로운 접근법을 채택했다는 점을 분명히 하고 있다.

2018년에는 마이크 펜스(Mike Pence) 부통령이 10월 4일 허드슨연구소(Hudson Institute)에서 했던 "미 행정부의 대중정책"이라는 제목의 연설이 미국의 대중인식을 잘 나타내고 있다. "신냉전 선포"라는 평가를 들었던 이 연설에서 펜스 부통령은 안보·경제적으로 중국의 행위를 강력히 비난하면서 공정하고 상호적인 미·중관계가 실현되고 중국이 미국의 주권을 존중할 때까지 미국은 중국에 대한 압박을 늦추지 않을 것임을 강조하였다. 특히 펜스 부통령은 그 동안 중국공산당이 자유·공정무역과는 거리가 먼 정책을 추진해왔다고 비난하면서 중국이 환율조작, 지식재산권 탈취, 산업보조금 등의 불공정 행위를 통하여 미국의 對中 무역적자를 확대하는데 기여하였다고 주장하였다.

펜스 부통령은 2019년에 한 번 더 대중연설을 시도하였다. "미국과 중국의 미래관계"를 주제로 행해진 이 연설은 현 단계 미국의 대중인식 및 전략을 구체적으로 반영한 것으로 평가되고 있다. 펜스 부통령은 그 전 해 연설과 마찬가지로 이 연설에서도 중국의 인권탄압과 종교박해, 감시사회 구축, 지식재산권 탈취, 민주주의 질서위협 등 중국에 대한 비난에 연설의 상당부분을 할애하였으며, 특히 홍콩 민주화운동과 관련하여 그는 미국이 홍콩의 민주화 시위를 적극 지지한다는 점을 명확히 밝혔다. 아울러 펜스 부통령은 NBA소속 휴스턴 로키츠(Rockets)의 단장이 홍콩시위를 지지하는 트윗을 올렸다가 중국이 반발하자 사과하고, NBA 공식 파트너사인 나이키가 중국매장에서 휴스턴 로키츠 관련 상품을 철수한 일을 비판하면서 "미국의 기업이 (중국의) 자본과 시장의 유혹에 고두례(叩頭禮; kowtow)를 했다"고 보다 직접적인 비난도 마다하지 않았다.

2020년에 들어 미·중간의 대립과 갈등은 한층 악화되는 모습을 보여왔다. 주목할 만한 보고서는 5월에 백악관이 발표한 "미국의 중국에 대한 전략적 접근(United States Strategic Approach to the PRC)"이다. 이 보고서는 위에서 설명한 "국가안보전략서"의 연속선상에서 발표한 문건으로서 중국과 협력관계를 청산하고 중국의 의지와 행동을 봉쇄하기 위해 모든 수단을 동원하겠다는 선언서라고 평가할 수 있다. 이 보고서는 미국이 직면한 중국의 위협을 세 가지

(경제이익의 침해, 가치의 침해, 안보의 침해)로 나누어 상술하고 앞으로 미국이 어떠한 대중정책을 표방할 것인지를 구체적으로 적시하고 있다. 특히 이 보고서는 중국의 세 가지 위협을 바탕으로 향후 미국이 도모해야 할 새로운 대중국 접근법을 제시하고 있는데, 이를 한마디로 요약하면 미국은 중국에 대한 기대를 버리고 경쟁·대립노선을 추진해야 한다는 것이다. 즉 미국은 중국이 미국의 결정적·핵심적 이익을 더는 침해하지 못하도록 강제적 조처를 해야 한다는 점에 초점을 맞추고 있다. 미국은 중국을 공정경쟁의 장으로 유도하기 위하여 대화를 지속하겠지만, 중국이 미국의 권고 내지는 경고에 순응하지 않을 경우, 매우 창의적이고 적극적인 방법으로 중국의 변화를 유도한다는 점을 강조하고 있다.

보고서는 이를 실행하기 위한 정책목표로 자국의 경쟁력 강화와 자국 중심의 대외 네트워크 강화를 제시하고 있다. 우선 경쟁력 강화의 핵심영역으로 경제력과 군사력을 제시하고 있다. 경제부문 경쟁력 강화방안으로 중국으로부터 '약탈'당하는 경제적 피해를 단속하고 최소화하면서 중국정부의 통화조작, 관세부과, 쿼터부여, 가격덤핑, 기술·정보의 절도 및 해킹, 사이버 공격, 간첩행위 등에 대해 구체적인 조치를 취하는 것을 그 출발점으로 제시하고 있다. 또한 혐의가 입증된 중국의 개인과 기관에 대한 제재조치를 강화하고 피해를 입은 미국기업 및 개인에 대한 보호조치를 취하며 5G 기술 등 미래유망기업에 투자하고 이를 활성화시키면서 미국경제에 활력을 불어넣는 전략을 제시하고 있다. 미국의 네트워크 확장은 동맹 파트너쉽 강화와 민주세력 네트워크 확대로 누어 병행 추진하는 것을 제시하고 있다. 동 보고서에서는 아시아태평양 지역에서 중국이 지역패권(regional hegemony)을 행사하지 못하도록 차단하는 것을 최우선 과제로 설정하고 있으며, 따라서 남중국해에서 '항행의 자유 작전(freedom of navigation operation)'을 지속하고 역내 우방국의 군사력 증강을 지원하며 이들이 중국과 분쟁에 얽히는 경우 우방국을 적극 지지할 것을 주장하고 있다. 또한 '하나의 중국' 원칙(One-China Policy)을 유지하되, 대만과 비공식 교류를 지속하고 대만에 계속 무기를 판매한다는 점 또한 명확히 하고 있다. 아울러 나날이 증강되고 있는 중국의 군사력을 효과적으로 제어하기 위해서 미국의 군사력 현대화 방향으로 아·태지역의 동맹 파트너쉽을 민주주의 가치와 제도를 공유하는 인도·태평양 공동체로 확장·발전시키는 것으로 설정하고 있다.

마지막으로 미국의 대중인식과 전략변화를 반영하는 또 하나의 자료는 2020년 6월 24일부터 7월 23일까지 정확히 한 달 동안 트럼프 행정부의 고위 당국자 네 명이 실행한 릴레이 연설이다. 이들은 모두 중국에 초점이 맞추어 공개연설을 하였으며, 각자가 맡은 영역에서 중국의 문제점을 분석하고 이에 대한 미국의 전략적 변화를 촉구하는 것이 주된 내용이었다. 릴레이 연설은 로버트 오브라이언(Robert C. O'Brien) 국가안보보좌관으로부터 시작되어 크리스토퍼 레이(Christopher Wray) 연방수사국(FBI) 국장, 윌리엄 바(William P. Barr) 법무부장관을 거쳐 마이클 폼페이오(Michael R. Pompeo) 국무장관으로 끝맺음을 하였다. 특히 폼페이오 국무장관의 연설은 릴레이 연설의 결론 부분으로 앞선 연설들이 지적한 중국문제의 각론들을 종합하여 미국 대중전략의 결정판을 천명하는 자리였다. 결론부터 얘기하면 그의 연설은 미소 냉전을 연상시키는 '공산주의 대 자유진영'간 대결구도가 다시 시작되었다는 점에 초점을 맞췄다고 볼 수 있다. 그는 근본적으로 미·중간의 정치적·이념적 차이를 더 이상 무시할 수 없으며, 따라서 자유세계는 새로운 독재에 승리해야만 한다고 결론내리고 있다. 그의 메세지는 로널드 레이건 전 대통령의 대소련 표어를 이용하여 중국에 대해서 언급한 "믿지 말고 검증하라(Distrust and veriry)"는 표어에 집약되어 있다. 아울러 그는 향후 미국은 UN, NATO, G7, G20와 연대하면서 새로운 민주주의 동맹을 구축하고, 협력 파트너들과 경제·외교·군사력을 통합적으로 운용하겠다는 구상을 제시하기도 하였다.

이와 같은 내용을 종합해 볼 때, 미국은 중국의 기존행태를 분석하여 중국이 미국의 안보·경제발전에 확실한 위협요소라는 점을 확인하였으며, 따라서 중국의 불공정 관행들로부터 미국의 이익을 보호하고 중국의 위협으로부터 미국의 안전 및 안보를 유지하기 위하여 중국과의 협력관계를 단절하고, 동맹국 및 우방국들과 연대하여 중국에 대한 경제적·기술적·군사적 압박을 실행해야 한다는 점을 명확히 하고 있다. 이러한 인식은 미국사회 내에서 광범위하게 공유되고 있다고 볼 수 있으며, 이와 같은 미국의 인식은 향후 미·중 패권전쟁이 상당히 치열하게 진행될 것임을 보여주는 예라고 볼 수 있다.

III. 중국의 대미 지구전(持久战) 전략

미국의 공세적 압박과는 달리 중국은 미국과의 패권전쟁에 직면하여 비교적 수세적인 태도로 임하고 있으며, 중국 국내의 정치·경제·사회적 안정을 유지하면서 미국과의 장기전을 대비하고 있다고 볼 수 있다. 미·중 패권전쟁에 대한 중국의 대응은 다음 몇 가지로 요약해 볼 수 있다. 우선 중국은 현재의 패권전쟁 자체가 미국에 의해서 시작되었고 아직까지 국제사회에서 중국이 미국과 대등한 지위를 확보하지 못하고 있으므로 중국은 미국과의 갈등을 원하지도 않고 또한 이 갈등을 협상으로 해결하려고 노력하겠지만, 미국이 계속 압박한다면 맞서 싸울 수밖에 없다는 점을 강조하고 있다. 예를 들어 "중국은 미국을 변화시키려 할 의사도 없고 미국을 대체하려 하지도 않을 것이다," "중국은 미국에게 도전하거나 미국을 대체하려 한 적이 전혀 없고, 미국과의 전면적 대항할 의사도 없다," "우리는 인위적으로 소위 신냉전을 조성하려는 어떠한 시도도 결연히 반대한다. 이는 중미 양국 인민의 근본 이익을 완전히 위배하는 것이며, 세계 발전 진보의 조류에도 완전 위배되는 것이다.… 중국은 미국과의 대화의 문을 열어놓고 있다" 등 중국은 기회가 있을 때마다 미국과의 대립을 자제하고 미·중 간 협력을 강조하는 모습을 보여왔다. 그러나 동시에 "중국은 싸우고 싶지도 않고 싸우기를 원하지도 않지만 싸우는 것을 절대 두려워하지 않는다"는 점을 언급하면서 "미국이 계속 압박한다면 자국은 이에 맞서 싸울 수밖에 없다"는 점도 강조하고 있다. 또한 중국은 "어떤 외부의 압력에도 굴복한 적이 없고, 자신의 합법적이고 정당한 권익을 지킬 의지와 능력이 있다"고 주장하면서 미·중 패권전쟁에서 절대로 굴복하지 않을 것임을 강조하고 있다.

둘째, 중국은 미국의 압력을 상쇄할 수 있는 나름의 대미보복을 시도하고 있다. 인민대학(人民大學)의 진찬롱(金燦榮) 교수는 미·중 무역전쟁에 임하는 중국에게는 3장의 왕파이(王牌: 에이스 카드)가 있으며, 이는 2개의 작은 왕파이와 1개의 큰 왕파이로 구성되어있다고 주장하고 있다. 왕파이란 미국의 압박을 중지시킬 수 있는 중국이 보유한 효과적인 대미 견제수단으로서 그는 2개의 작은 왕파이를 희토류의 대미수출 완전금지와 중국이 보유한 미 국채매각으로 제시하고 있으며, 큰 왕파이로 미국기업의 중국시장에 대한 의존성으로 설명하고 있다. 그는 반도체 생산에 필수적인 희토류의 전 세계 수요량의 95%를 중국이 공급하고 있다는 측면에서, 중국이 $2조의 미 국채를 보유하고 있다는 측면에서, 또 전 세계 어느 시장에서보다 더 많은 수익을 올린 미국기업들의 중국시장 의존성을 지적하면서 세 장의 왕파이가 과장된 것이 아니며, 중국에 대한 미국의 압박을 현실적으로 견제해줄 것이라는 점을 강조하고 있다. 그러나 중국의 기대에도 불구하고 이 세 장의 왕파이가 모두 미국에게 별다른 타격을 주지 못하는 것으로 결론지어지면서 현재로는 주목받지 못하고 있지만, 별다른 대응수단이 없는 중국은 간헐적으로 미국의 압박을 견제하는 수단으로서 이들 방안을 실제로 활용하기는 모습을 보이기도 한다.

셋째, 중국정부는 미국의 신냉전적 공격에 정면으로 대응하기 보다는 중국에 유리한 방식으로 싸움을 끌어나가는 지구전을 추진하고 있다. 지구전에 대한 논의는 2020년 10월 26-29일에 개최되었던 중국공산당 19기 5중전회에서 중심의제로 다루어졌으며, 그 핵심 이슈는 "쌍순환(双循环)"이라고 볼 수 있다. 쌍순환 전략은 국내 대순환을 위주로 국내 대순환과 국제 대순환을 상호 촉진한다는 새로운 발전 방안을 지칭하는 것으로서 중국의 대외 무역환경이 악화되고 있는 현재의 상황을 감안하여 내수 중심의 경제 구조를 구축하는 것을 그 주요 내용으로 하고 있다. 즉 중국은 모든 영역의 산업을 두루 갖춘 완전한 산업형태를 가지고 있는 세계 유일의 산업국가이며 동시에 세계 최대의 단일시장이기 때문에 해외시장에 의존하지 않고서도 독립적으로 경제적 내순환 구조를 실현할 수 있다는 것이다. 다시 말해서 중국은 국제환경의 불확실성이 커진 상황에서 중국의 경제구도를 자국 내수중심으로 개편하겠다는 의지를 표현한 것이라고 볼 수 있으며, 따라서 중국은 이 정책을 통하여 수입대체(혹은 자급자족)를 늘리고 내수를 확대하며, 중국 국내공급망의 장악과 해외 공급망 의존도의 축소에 초점을 맞추어 버티기를 지속할 것이라고 볼 수 있다.

중국은 버티기로 시간을 번 후 미국에 대한 반격도 동시에 준비하고 있다. 중국은 최근 기술자립도를 강조하고 있으며, 그 핵심에는 신인프라(新基建) 건설이 자리잡고 있다. 중국정부는 전통적인 경기부양책으로 인프라 전략에 빈번히 의지해 왔으며, 이번에도 인프라를 통한 경기부양을 시도하고 있다고 볼 수 있다. 신인프라 전략도 2020년 초부터 중국과 세계를 강타한 코로나19 사태가 중국 내에서 진정세를 보이면서 중국정부가 침체된 경기를 부양하기 위하여 인프라 구축에 투자한다는 전략이다. 그러나 이 전략은 미·중 갈등에서 제기되고 있는 중국의 구조적인 문제들을 개선하는 데에도 초점이 맞추어져 있기 때문에 대미 지구전 전략의 일환으로 구분해 볼 수 있다. 신인프라 건설의 주요내용은 4차 산업혁명시대에 걸맞는 미래 기술발전에 포커스를 맞추어 신인프라 건설의 범위를 3개 방면—정보화 인프라 건설(信息基础设施), 융합인프라 건설(融合基础设施), 혁신인프라 건설(创新基础设施)--으로 제시하고, 7개 신인프라 분야—즉 5G 기지국 건설(5G), 데이터센터 구축(大数字中心), 초고압(UHV) 송전망 건설(特高压), 전기차 충전기 구축(新能源汽车充电桩), 고속철도 건설(城际高铁和轨道交通), 인공지능 구축(人工智能), 및 산업용 인터넷 구축(工业互联网)--를 선정하여 34조 위안이라는 천문학적 규모의 투자를 한다는 것이다.

신인프라 건설을 통하여 중국이 의도하는 바는 명확하다. 우선 중국경제의 급속한 성장둔화는 중국지도부에 심각한 도전일 수 있기 때문에 단기간 내에 경제를 회복시키려는 것이 제일 큰 목표라고 볼 수 있다. 경제의 지속적 발전과 이를 통한 사회적 안정 유지는 역대 중국 정부가 가장 중점적으로 추구했던 정책 목표였다. 게다가 시진핑은 이미 2021년 창당 100주년을 맞이하는 해에 전면적인 소강사회 건설을 중국 인민들에게 약속한 바 있다. 특히 중국은 2020년 1분기에 GDP 성장률이 -6.8%로 역성장 하였기 때문에 이러한 위기의식은 더욱 고조되었다. 다행히 경제성장률이 2분기에 3.2%, 3분기에 4.9%로 반등하기는 했지만, 시진핑이 천명했던 샤오캉(小康) 사회를 실현하기 위해서는 적어도 올해 5.6% 이상의 경제성장률을 달성해야 한다. 따라서 중국이 전통적으로 경기부양책을 활용하여 경제위기를 극복해왔듯이 이번 경제위기에도 4차 산업혁명을 위한 신인프라 구축을 통하여 경기부양에 노력하고 있다.

결과적으로 중국의 대미전략을 평가해보면, 중국은 나날이 강화되고 있는 미국의 대중제재에 굴복하기보다는 한편으로는 수세적인 태도를 보이면서도 또 한편으로는 지구전과 기술자립을 추구하는 쪽으로 대응방향을 추진하고 있다. 특히 미국의 제재를 무력화할 만한 별다른 수단이 없는 중국으로서는 일단 지구전을 통해 시간을 벌면서 미국에 대한 반격의 기회를 엿보는 것이 현 단계에서 취할 수 있는 유일한 대응방향이라고 볼 수 있다.

IV. 미국대선과 미·중 패권전쟁의 향방

미국과 중국의 패권적 갈등은 그 근본적 원인과 경과를 분석해 볼 때, 쉽게 해결될 수 있는 사안은 아니다. 오랫동안 중국으로부터 기만당해왔다고 생각하는 미국과 이제 본격적으로 부상하면서 국제사회에서 자국의 정당한 자리를 찾아가겠다는 중국이 충돌하는 것은 어쩌면 피할 수 없는 결과라고 볼 수 있다. 사실 지난 2년 반 동안 나타났던 미·중 간의 갈등과 충돌은 미국의 제재와 중국의 대응이란 상호작용 속에서 나타나고 있으며, 미·중 양국은 그 과정에서 서로 비난하고 반목하는 태도를 지속해왔다. 특히 양국갈등은 중국 최대의 통신장비업체인 화웨이(华为)의 최고재무책임자이며 창업자 런정페이(任正非)의 맏딸인 멍완저우(孟晚舟)의 가택연금, 상호 기자추방, 휴스턴과 청두의 총영사관 폐쇄, 홍콩특별지위 박탈, 글로벌 공급망의 재편, 중국견제를 목표로 한 다자간 협력틀의 출범(쿼드안보대화, 경제번영네트워크, 청정네트워크), 그리고 대만과 남중국해를 둘러싼 군사경쟁 등 전 방위적인 지정학적 경쟁으로 확산되어왔다.

그중에서도 가장 첨예한 대립이 이루어지고 있는 분야는 기술영역으로 미국은 탈동조화(decoupling)를 본격화하면서 중국으로부터 자국의 기술을 보호하고 안보를 증진시키며, 미국기술의 도용에 의한 중국의 기술성장을 막는 데에 집중하고 있다. 그동안 트럼프 행정부는 중국 핵심산업에 타격을 주기 위해 중국에 기반을 둔 기업과 법인, 계열사에 각종 제재를 단행해왔다. 미 상무부 블랙리스트(entity list)에는 이미 275개 넘는 기업이 올라 있으며, 여기엔 화웨이와 150개 계열사, 통신업체 ZTE, CCTV 제조업체 하이크비전, 그리고 최근 블랙리스트에 포함된 반도체 기업 중신국제(SMIC)와 세계 최대 드론제조업체 DJI 등이 포함되어 있다. 물론 미국의 대중제재가 자국의 퀄컴, 마이크론, 인텔과 같은 굴지의 업체들에게도 타격을 주 수 있고 아울러 전 세계 경제에도 악영향을 미칠 수 있다는 부담도 있지만, 미국이 대중제재를 본격적으로 시행하는 경우, 제재의 대상이 되는 중국기업들은 파산에 직면하기 때문에 그 폭발력은 중국의 경제를 심각한 상황으로 몰고 갈 수 있다. 물론 중국도 신뢰할 수 없는 기업리스트(unreliable entity list)를 발표함으로써 미국의 제재에 대응하고 있지만, 아직까지 그 효과는 역부족이라고 볼 수 있다.

이렇게 중국을 파탄으로 몰고 갈 수 있는 트럼프의 파상적 대중제재에 변화를 줄 수 있는 사건은 2020년 11월에 실시된 미국 대선이었다. 중국은 2020년 미국대선에 직면하여 겉으로는 트럼프의 당선을 선호한다고 선전했지만, 속내는 트럼프의 재선을 피하고 새로 대통령에 취임하는 바이든과 새로운 관계를 구축하는 것을 선호했다는 것은 자명한 사실이다. 이제 바이든이 대통령에 당선된 상황에서 중국은 바이든의 대중제재가 완화될 수 있다는 희망적인 기대를 하고 있는 듯하다. 그러나 중국의 기대와 달리 바이든 행정부의 대중국 정책은 중국에 그다지 호의적일 것 같지 않다. 그 이유는 다음 몇 가지로 설명할 수 있다. 우선 트럼프는 2020년 대선에서 재선에 실패하기는 했지만, 7400만표 이상을 득표함으로써 4년 전 자신이 대통령에 당선될 때보다 더 많은 표를 얻게 되었고, 이는 미국인구의 반 정도가 아직도 트럼프의 정책을 지지하고 있다는 것을 반증하는 것이다. 바이든은 이 '트럼피즘(Trumpism)' 현상으로 상당한 정책적 제약에 직면할 수밖에 없으며 특히 대다수 미국민들로부터 지지를 받고 있는 트럼프의 대중국 강경정책을 완화하기는 힘들다고 볼 수 있다.

둘째, 트럼프의 정책에 나타나 있는 대중국 인식은 현재 바이든과 그의 행정부 외교안보팀을 구성할 핵심 인사들이 가지고 있는 대중국 인식과 크게 다르지 않다는 점이다. 2020년 11월 미 국무부가 발표한 "중국도전의 요소(The Elements of the China Challenge)"라는 대 중국 전략보고서를 보면, 그 핵심 내용은 중국에 대한 미국의 봉쇄정책 추진에 초점이 맞춰져 있다. 임기 말에 접어든 트럼프 행정부에서 발표한 보고서이기 때문에 큰 반향을 얻고 있지는 못한 것으로 보이지만, 이 보고서는 "중국공산당의 목표는 기본적으로 중국 중심으로의 세계질서 변경"이고, "중국의 도전에 직면해서 미국은 자유를 지켜야 한다"는 점을 강조하고 있다. 특히 미국이 전통적으로 중시해 온 가치들을 바탕으로 동맹을 강화하고 민주주의와 인권을 증진할 수 있는 새로운 국제기구를 창설할 것을 제안하는 내용은 바이든과 그의 외교안보팀이 강조해 온 바와도 일맥상통하기 때문에 바이든 행정부도 이 보고서의 제안을 상당 부분 수용할 것으로 예상할 수 있다.

또한 2020년 3월 바이든 명의로 Foreign Affairs에 게재된 "Why America Must Lead Again: Rescuing U.S. Foreign Policy After Trump"를 보면 바이든 행정부의 대중국 인식과 향후 대중국 정책을 유추할 수 있다. 바이든의 외교안보팀이 초안을 작성한 것으로 보이는 이 글에서는 중국을 13차례 언급하고 있다. 그런데 대부분 중국과 관련된 언급은 "중국이 아닌 미국이 무역을 통제하는 규칙 제정을 주도해야," "중국은 글로벌 영향력 확대와 자신의 정치 모델 확산, 미래 기술에 대한 투자를 통해 장기전을 하고 있다," "미국은 중국을 엄하게 다룰 필요가 있다. 중국은 방법만 있다면 계속 미국과 미국 회사로부터 기술과 지적 재산권을 도둑질할 것이기 때문이다," "중국의 도전에 대항할 가장 효과적인 방법은 미국 동맹과 파트너들이 중국의 폭력적 행위와 인권 위반에 대응하도록 하는 것" 등으로 전반적으로 중국을 비판적·적대적으로 표현하고 있으며, 이는 바이든 행정부의 대중정책도 중국에 그다지 호의적이지 않을 가능성을 보여주고 있다.

셋째, 바이든 행정부가 직면할 세계는 오바마 행정부가 직면했던 것과는 완전히 다른 세계이고 따라서 이러한 국내외의 환경 변화가 바이든 행정부의 대중국 정책에 영향을 줄 것이라는 점이다. 2008년 글로벌 금융 위기로 촉발된 미국의 대중국 인식 변화는 트럼프 행정부 시기의 미·중갈등을 겪으면서 미국 내 정치 엘리트 사이에서 중국에 대한 새로운 컨센서스를 형성한 것으로 보인다. 특히 미국 대중들의 중국에 대한 인식이 급속도로 악화되었다는 점을 주목할 필요가 있다. 2020년 7월 30일 발표된 퓨 리서치(Pew Research Center)의 여론조사 결과에 따르면, 미국인들 사이에서 중국에 대한 비호감도는 73%에 달하였고 호감도는 22%에 그쳤다. 이는 최근 15년 동안 지속적으로 악화되고 있는 미국인들의 대중국 인식을 반영하고 있다고 볼 수 있다. 게다가 더 우려스러운 점은 미국인들 중 57%가 중국을 경쟁자(competitor)로, 그리고 26%의 미국인들은 이미 중국을 적(enemy)으로 간주하고 있으며, 다만 16%의 미국인들만이 중국을 파트너(partner)로 인식하고 있다는 점이다.

넷째, 바이든 행정부가 외교정책에서 강조할 것으로 전망되는 동맹 강화, 다자주의 외교무대에서 미국의 리더십 재건, 그리고 이념·인권·가치관 강조 등의 의제들은 논리적으로 중국과의 협력보다는 갈등을 초래할 가능성이 훨씬 크다는 점이다. 동맹은 공동의 위협에 대처하기 위한 것일 때 가장 공고해지고, 미국이 아태 지역에서 동맹을 강화한다면 결국 그 위협의 근원이 중국이라는 점이 명확하기 때문이다. 그뿐만 아니라 미국이 기존의 동맹에 더해 아·태 지역에서 인도, 베트남 등 파트너들과의 유대 강화를 시도하는 것도 중국과의 대립 구도를 악화시킬 가능성이 크다. 또한 바이든은 외교안보팀 지명자를 소개하는 기자회견에서 "미국이 돌아왔다(America is Back!)"고 선언하면서 다자주의와 외교의 귀환을 강력히 시사했다. 이는 바이든 행정부가 국제기구와 다자주의 외교무대에서 트럼프 행정부 시기 손상되었던 미국의 리더십을 재건하기 위해 노력할 것임을 의미하며, 이는 필연적으로 미국의 부재를 틈타 확대되었던 중국의 국제기구와 다자주의 외교무대에서의 영향력과 충돌이 불가피할 것으로 보인다.

게다가 바이든과 그의 외교안보팀이 강조해 온 이념, 인권과 가치관도 미·중관계의 향후 전개에 복병으로 작용할 가능성이 높다. 퓨리서치 여론조사 결과처럼 73%의 미국인들은 이미 중국에서의 인권 증진이 미중 간 경제 관계보다 더 중요한 어젠다라고 생각하고 있다. 반면 중국에서는 자국을 상대로 인권문제를 제기하는 것을 내정간섭으로 간주하고 있고, 특히 중국헌법이 확립한 국가 정치제도와 사회의 안정, 즉 중국공산당의 영도를 통한 국가유지를 핵심 국가이익 중 하나로 간주하고 있기 때문에 양국 간의 갈등은 오히려 더 가중될 가능성도 높다. 결론적으로 바이든 행정부가 국내외 주요 정책에서 'Anything but Trump'를 내세우면서 트럼프 행정부 정책의 상당부분을 전면 재고할 것으로 전망되지만, 상술한 요인들을 종합해 볼 때, 바이든 행정부의 대중국 정책만큼은 트럼프 행정부가 설정한 기본 방향과 크게 달라지지 않을 가능성이 높다.

V. 결론: 국제질서 변화 가능성과 한국의 대응

지난 30년 동안 국제사회에서는 '중국의 부상'이 핵심적 논의의 주제였으며, 이 언급에 걸맞게 중국은 경제·외교·군사 방면에서 미 증유의 발전을 이루어왔다. 한편, 중국의 부상과 함께 국제사회에서 흔히 논의되었던 주제는 '미국의 쇠퇴'라는 주제였다. 냉전 종식 이후 유일한 세계 최강대국으로서의 지위를 유지해온 미국은 특히 2008년 세계금융위기를 겪으면서 점차 그 국력이 하향곡선을 그리고 있으며, 이와 같은 상황을 보면서 국제사회에서는 '세력전이' 이론가들이 주장했던 바와 같이 궁극적으로는 세계패권이 미국에서 중국으로 전이될 것이라는 주장이 설득력을 얻는 듯이 보였다. 이러한 상황에서 발생한 미·중간의 패권전쟁은 무역·기술·외교·군사 등 다방면에서 양국 간의 갈등을 양산하고 있으며, 시간이 지남에 따라 그 범위가 확대되고 정도가 심화되는 경향을 보이고 있다. 그렇다면 중국이 미국을 추월하여 세계의 지도국으로 등극할 수 있을까? 국제사회에서 다수의 석학, 교수, 전문가, 기자들은 이 질문에 회의적인 입장을 나타내고 있다. 그 이유는 다음 몇 가지고 요약해 볼 수 있다.

우선 중국의 국력이 아직까지 미국의 수준에 도달하지 못하고 있다는 점이다. 중국의 경제력은 지난 30년 동안 많이 성장해서 이제는 미국의 2/3 정도의 규모를 자랑하고 있고 2030년에는 양적으로 미국을 추월할 것이라는 보도가 주류를 이루고 있다. 그러나 양적인 성장에 비하여 중국경제의 질적인 성장은 아직 갈 길이 멀다고 평가할 수 있다. 특히 질적 경제력의 기준이 될 수 있는 생산성이나 기초과학 및 원천기술면에서 중국은 아직까지 미국의 적수가 되지 못하고 있으며, 이러한 점은 중국이 장기적으로 극복해야할 사안이라고 볼 수 있다. 특히 기술력 측면에서 중국은 미국과의 격차가 아직까지 상당한 것으로 알려지고 있다. 그 동안 중국은 미국의 기술을 훔치거나, 복제하거나, 사오는 방식으로 자국의 기술발전을 도모해왔다. 그러나 트럼프 행정부와의 갈등 속에서 미국은 중국이 더는 미국 기술을 확보할 수 없도록 탈동조화를 실행하고 있으며, 이와 같은 미국의 조치는 중국의 기술력 발전에 근본적인 제약으로 작용하고 있다. 2016년 미국 상무부의 제재로 거의 파산상태에까지 몰렸던 중국 통신장비업체 ZTE(中兴通讯)가 25억 달러의 벌금을 지불하고 미국이 제시한 조건을 받아들이면서 겨우 파산을 모면한 경우라든지 트럼프 행정부의 화웨이에 대한 제재로 화웨이가 최근 경영상의 곤란을 호소하는 것 등은 중국이 경제대국 또는 기술대국으로 알려진 것과는 달리 그 내부적인 허약성을 직설적으로 보여주는 사례라고 볼 수 있다.

군사적인 면에서는 그 격차가 더욱 현저하게 나타나고 있다. 지난 10년 동안 중국의 경제적 부상이 구체화됨에 따라 중국의 군사력도 상당히 빠르게 증강되어온 것은 사실이다. 그러나 양국 간의 군사력 격차는 평가자에 따라 다르게 나타나긴 하지만 대략 20년-50년 정도로 추정되고 있다. 즉 미국이 현재상태에서 군사력을 더 증강시키지 않는 상태에서 중국이 미국의 군사력을 따라잡으려고 노력한다 하더라도 적어도 20년의 시간이 필요하다는 의미이다. 국방비에서도 중국은 아직도 미국 국방비의 절반에도 못 미치는 수준에 있으며, 현대 군사력의 핵심적 평가요소인 공군력과 해군력에서도 아직까지 그 격차는 유지되고 있다. 중국이 미국을 추월하지 못하는 또 하나의 이유는 소프트 파워의 낙후성이다. 중국은 2007년부터 소프트 파워를 증진시키기 위해 국가적 지원을 아끼지 않고 있으며, 매년 100억 달러(약 11조6000억원) 정도를 소프트 파워 강화에 쓰고 있다. 그럼에도 불구하고 중국은 아직도 국제사회에서 소프트파워 후진국으로 인식되고 있다. 중국은 소프트파워의 원천인 매력 또는 민주적 제도로 다른 국가들의 지지를 얻기보다는 경제력을 자국의 매력으로 인식하고 다른 국가들에 대한 경제적 접근에 집중했던 결과 국제사회에서 선진국 내지는 지도국으로 인정받기는커녕 돈만 쓰고 제대로된 인정을 못받는 소프트파워 적자(soft power deficit)에 시달리고 있다. 그 결과는 심각하다. 즉 중국은 국제사회에서 제대로된 친구가 거의 없다는 사실에 스스로 자성하고 있지만, 그렇다고 소프트파워 정책을 바꾸거나 새로운 친구를 만들려는 적극적인 시도도 보이지 않는다. 따라서 중국은 향후 일정기간 동안 미국을 추월하여 세계 최강대국으로 등극할 가능성이 크지 않다고 볼 수 있다.

그렇다면 이러한 상황에 직면한 우리는 어떻게 대응해야 할까? 최근 미·중 패권전쟁이 심화되면서 미·중 사이에서 한국이 어떤 입장을 취해야 할지에 대한 궁금증이 많아지고 있다. 이는 지난 30년 동안 안미경중(安美經中: 안보는 미국, 경제는 중국)을 중심으로 외교·경제정책을 성공적으로 추진해왔던 한국이 미·중 패권전쟁에 직면하여 더는 안미경중을 활용할 수 없게 된 상황에서 미국과 중국을 어떻게 관리해 갈 것인지의 문제라고 볼 수 있다. 이 질문에 대하여 필자도 현 단계에서 한 마디로 대안을 제시할 수는 없지만, 이 지면을 통해서 우리가 위험을 분산하고 보다 건설적인 국가발전을 위해서 고려해야 할 몇 가지 사안을 제시하고자 한다. 우선 미국에서 중국으로의 세력전이는 당분간 일어나지 않는다고 보는게 합리적이다. 중국의 부상을 강조하는 사람들은 시간이 갈수록 중국은 계속 부상하고 미국은 지속적으로 쇠퇴하기 때문에 언제라고 예측할 수는 없지만 언젠가는 미국에서 중국으로 패권이 넘어갈 것이라고 전제하고 있다. 그러나 위에서 지적한 바와 같이 미국은 2008년 금융위기에도 불구하고 자국의 경쟁력을 회복하고 있으며, 미·중간의 국력격차 축소도 과거에 비해 그 속도가 줄어들고 있다. 게다가 미국의 견제로 향후 중국의 기술력 확보가 거의 불가능해지면서 중국의 지속적 발전에도 빨간불이 들어온 상태이다. 따라서 약해지기는 하겠지만 미국이 패권을 유지해갈 것이라는 전제 하에 정책을 입안하는 것이 합리적인 방향이라고 본다.

둘째는 중국과의 경제관계를 어떻게 관리할 것인가의 문제를 고민해봐야 한다. 우리는 사드문제로 중국의 불합리한 경제제재를 경험한 바 있으며, 그 저변에 중국에 대한 우리의 과도한 경제적 의존 문제가 있다는 것은 잘 알려진 사실이다. 그럼에도 불구하고 우리사회 내에서는 중국에 대한 경제적 의존을 어떻게 관리할 것인지에 대한 논의가 전혀 이루어지지 않고 있다. 세계 최대의 경제강국이고 우리와 근접거리에 있는 중국과의 왕성한 경제교류는 피할 수 없는 조건이다. 그러나 사드로 인한 불합리한 경제제재를 당한 우리로서 앞으로 또 일어날지 모르는 중국과의 갈등에 대비해서라도 중국의 경제제재에 대한 나름대로의 대비책은 있어야 한다고 본다. 벌써 미국은 중국을 견제할 중거리미사일의 한국 배치를 고려 중이며 중국은 한국이 중거리미사일을 배치할 경우 사드갈등 때의 경제제재 이상의 경제제재를 공언하고 있다. 지금이라도 중국의 경제제재에 대한 논의를 시작할 필요가 있다.

셋째, 강력한 한미동맹을 중심으로 건전한 한중관계를 발전시켜야 한다는 우리의 입장을 명확히 제시해야 한다. 한미동맹은 우리의 안보뿐만 아니라 대외관계 및 경제, 문화발전에 가장 핵심적인 근간이다. 지난 70년 동안 우리의 생존에 핵심적인 역할을 했던 한미동맹을 중심으로 한중관계를 발전시켜 나가는 것은 앞으로도 우리가 당연히 유지해야 할 정책방향이다. 지금도 대다수의 우리 국민들은 한미동맹의 중요성을 지지하고 있다. 그러나 최근 한미동맹을 약화시킴으로써 한중관계를 발전시고자 하는 사람들이 나타나고 있다. 최근 중국정부도 한미동맹에 대한 부정적 입장을 공공연히 나타내고 있다. 그러나 이것은 잘못된 인식이다. 중국이 우리 경제발전과 통일전략에 중요한 역할을 하는 강대국임은 틀림없는 사실이다. 그러나 중국은 사회주의 국가임을 자처하고 있으며, 따라서 한중관계가 아무리 가까워지고 발전한다 하더라도 중국의 입장에서는 북한이라는 사회주의 동맹국보다 한국을 우선해서 정책을 변화시킬 수 없다. 우리의 입장에서도 중국과의 관계가 아무리 중요하다 하더라도 우리의 생존에 핵심적인 역할을 하고 있는 한미동맹을 넘어설 수는 없다. 따라서 한미동맹이 우리의 대외정책에 핵심으로 작용하고 그 선상에서 한중관계를 보다 입체적으로 발전시켜 가는 것이 중요하다.

결국 미·중패권전쟁은 장기화될 수밖에 없고 또 갈등이 격화될 수밖에 없다. 이 과정에서 우리의 국익을 지키기 위해서는 장기적 차원에서 양대 강대국에 대한 연구를 게을리하지 말아야 한다. 미국전문가와 중국전문가를 부단히 양성하고 이들의 전문적 지식을 수용하고 통합하여 정책에 반영할 때 보다 합리적이고 국익에 부합하는 정책이 도출될 수 있다.

* * * * * *

참고문헌

<국문>

김태효, "COVID-19 시대 미-중 신냉전 질서와 한국," 『신아세아』 vol. 27, no. 3 (Autumn 2020), pp. 31-48.

박경은, "'바이든 당선 시 오바마 3기'" 우려에, 이인영 "정부 대응이 중요" 『아주경제』 2020년 10월 23일. https://www.ajunews.com/view/20201023173342223.

한동균, "중국의 새로운 경기부양책 '신인프라(新基建)': 국면 전환에 성공할 것인가?" 『PeaceNet』, 2020-17 (2020년 5월 12일). http://jpi.or.kr/?p=7230.

<영문>

Alan Dupont, "New Cold War: De-Risking U.S-China Conflict," Hinrich Foundation Report, June 24, 2020. https://www.hinrichfoundation.com/research/wp/us-china/new-cold-war/;

Andy Zelleke, "The US State Department China Policy Paper: HIts and Misses," The Diplomat, November 20, 2020. https://thediplomat.com/2020/11/the-us-state-department-china-policy-paper-hits-and-misses/ Bob Woodward, Rage (New York: Simons & Schuster, 2020).

Brittany De Lea, "US should encourage China's rise, Biden national security pick Jake Sullivan says," Fox News, November 23, 2020. https://www.foxnews.com/politics/biden-national-security-pick-jake-sullivan-us-chinas.

Catherine Wong, "Joe Biden presidency could reopen a window of opportunity for China: analysts", South China Morning Post, November 29, 2020. https://www.scmp.com/news/china/diplomacy/article/3111830/joe-biden-presidency-could-reopen-window-opportunity-china

Christopher Wray, "The Threat Posed by the Chinese Government and the Chinese Communist Party to the Economic and National Security of the United States," July 7, 2020. https://www.fbi.gov/news/speeches/the-threat-posed-by-the-chinese-government-and-the-chinese-communist-party-to-the-economic-and-national-security-of-the-united-states. David Shambaugh, "As the U.S. and China Wage a New Cold War, They Should Learn From the Last One," The Wall Street Journal, July 31, 2020. https://www.wsj.com/articles/as-the-u-s-and-china-wage-a-new-cold-war-they-should-learn-from-the-last-one-11596223180;

Donald J. Trump, National Security Strategy of the United States of America (Washington, D.C.: The White House, 2017)

Don Weinland, "China slowdown puts Xi in political bind," Financial Times, April 29, 2020. https://www.ft.com/content/344a1ae2-6a05-4a42-878b-77c789a99488;

Gideon Rachman, "A new cold war: Trump, Xi and the escalating US-China confrontation," Financial Times, October 5, 2020. https://www.ft.com/content/7b809c6a-f733-46f5-a312-9152aed 28172;

Helen Davidson, "Hong Kong security law 'may break international laws'", The Guardian, September 4, 2020. https://www.theguardian.com/world/2020/sep/04/hong-kong-security-law-may-break-international-laws-china-human-rights-un.

Joseph R. Biden, "Why America Must Lead Again: Rescuing U.S. Foreign Policy After Trump", Foreign Affairs, March/April 2020. https://www.foreignaffairs.com/articles/united-states/2020-01-23/why-america-must-lead-again.

Lee Hsien Loong, "Keynote Address," 18th IISS Shangril-La Dialogue, May 31, 2019. https://www.iiss.org/-/media/files/shangri-la-dialogue/2019/speeches/keynote-address---lee-hsien-loong-prime-minister-of-singapore-full-transcript.pdf

Maanvi Singh, "Joe Biden says 'this is not a third Obama term' in first sit-down interview", The Guardian, November 25, 2020. https://www.theguardian. com/us-news/2020/nov/24/joe-biden-nbc-interview-presidency.

Michael R. Pompeo, "Communist China and the Free World's Future," July 23, 2020. https://www.state.gov/communist-china-and-the-free-worlds-future/

Odd Arne Westad, "The Sources of Chinese Conduct: Are Washington and Beijing Fighting at New Cold War?" Foreign Affairs, Vol. 98, No. 5

(September/October 2019), pp. 86-95.

Orange Wang, "China GDP: economy grew by 4.9 per cent in third quarter of 2020," South China Morning Post, October 19, 2020. https://www.scmp.com/economy/china-economy/article/3106048/china-gdp-economy-grew-49-cent-third-quarter-2020.

Patrick Wintour, "US v China: is this the start of a new cold war?" The Guardian, June 22, 2020. https://www.theguardian.com/world/2020/jun/22/us-v-china-is-this-the- start-of-a-new-cold-war

Rick Gladston, "How the Cold War Between China and U.S. Is Intensifying," The New York Times, July 22, 2020. https://www.nytimes.com/2020/07/22/world/asia/us-china-cold-war.html;

Robert A. Manning, " A Biden presidency's impact on the Asia Pacific," EASTASIAFORUM, November 8, 2020. https://www.eastasiaforum.org/2020/11/08/a-biden-presidencys-impact-on-the-asia-pacific/.

Robert C. O'Brien, "The Chinese Communist Party's Ideology and Global Ambitions," June 26, 2020. https://www.whitehouse.gov/briefings-statements/chinese-communist-partys-ideology-global-ambitions/.

Seema Sirohi, "Joe Biden's national security team looks like 'Obama 3.0'" The Economic Times, November 24, 2020 https://economictimes.indiatimes.com/news/international/world-news/now-for-the-blinken-sullivan-opera/articleshow/79394660.cms.

The White House, United States Strategic Approach to the PRC (2020. 5.20). https://www.whitehouse.gov/wp-content/uploads/2020/05/U.S.-Strategic-Approach-to-The-Peoples-Republic-of-China-Report-5.20.20.pdf

Tom Nagorski, "Jake Sullivan on Asia: Hillary Clinton's top foreign policy official discusses the continent's challenges", Asia Society, https://asiasociety.org/jake-sullivan-asia.

U.S. Department of State, A Free and Open Indo-Pacific: Advancing a Shared Vision (Washington, D.C.: The Department of State, 2019).

U.S. Department of State, "The Elements of the China Challenge by the Policy Planning Staff Office of the Secretary of State," November 2020. https://www.state.gov/wp-content/uploads/2020/11/20-02832-

Elements-of-China-Challenge-508.pdf.

Virginia Postrel, "'Trumpism' Without Trump Is an Inkblot Without Ink," Bloomberg, November 15, 2020. https://www.bloomberg.com/opinion/articles/2020-11-15/-trumpism-without-trump-there-s-no-such-thing.

William P. Barr, "Hiding behind American voices allows the Chinese government to elevate its influence," July 16, 2020. https://www.justice.gov/opa/speech/attorney-general-william-p-barr-delivers-remarks-china-policy-gerald-r-ford-presidential

Willaim Zheng and Echo Xie, "China's leaders start charting course for next five years in their major policy meeting, the Fifth Plenum, with economy and US friction in soptlight," South China Morning Post, October 26, 2020.https://www.scmp.com/news/china/politics/article/3107156/chinas-leaders-start-major-policy-meeting-chart-course-next

"'America is back', says Biden as he introduces new national security team", France 24, November, 24. 2020. https://www.france24.com/en/americas/20201124-america-is-back-says-biden-as-he-introduces-new-national-security-team.

"Americans Fault China for Its Role in the Spread of COVID-19", Pew Research Center, JULY 30, 2020. https://www.pewresearch.org/global/2020/07/30/americans-fault-china-for-its-role-in-the-spread-of-covid-19/.

"Biden's new foreign policy team may also target China, but more tactfully," Global Times, November 9, 2020. https://www.globaltimes.cn/content/1206244.shtml.

"China v. America: A new kind of cold war," The Economist, May 18, 2019. https://www.economist.com/leaders/2019/05/16/a-new-kind-of-cold-war.

"EDITORIAL: Joe Biden is just an Obama repeat", Washington Times, November 24, 2020. https://www.washingtontimes.com/news/2020/nov/24/editorial-joe-biden-is-just-an-obama-repeat/;

"Hong Kong's national security law: 10 things you need to know", Amnesty International, July 17, 2020. https://www.amnesty.org/en/latest/news/2020/07/hong-kong- national-security-law-10-things-you-needto-know/.

"How Biden will torpedo Trump's legacy", Business Insider, November 13, 2020. https://www.businessinsider.com/joe-biden-reverse-trump-legacy-policies-transition-regulations-executive-orders-2020-10.

"Top campaign advisor says Biden would sanction China over Hong Kong", CNBC, May 27, 2020. https://www.cnbc.com/2020/05/28/top-campaign-advisor-says-biden-would- sanction-china-over-hong-kong.html. "US election results 2020: Joe Biden defeats Donald Trump to win presidency," The Guardian, November 29, 2020. https://www.theguardian.com/us-news/ng-interactive/2020/nov/29/us-election-results-2020-joe-biden-defeats-donald-trump-to-win-presidency.

<중문>

任晓刚,"加速释放新基建红利,"『人民日报』2020年 8月 5日. http://paper.people.com.cn/rmrb/html/2020-08/05/nw.D110000renmrb_20200805_3-05.htm.

"国家首次官宣"新基建"范围：3大方面 7大领域全曝光,"『21世纪经济报道』2020年 4月 20日. https://baijiahao.baidu.com/s?id=1664484047203819830&wfr=spider&for=pc;

"胡锡进：中国把自己的事做好 那会形成我们抵制西方舆论抹黑的雄厚资本,"『新浪新闻』2020年 2月 28日. https://news.sina.cn/gn/2020-02-28/detail-iimxyqvz6524473.d.html?from=wap.

"IMF预测:中国将是主要经济体中今年唯一正增长国家,"『中国经济网』2020年10月14日. http://www.ce.cn/xwzx/gnsz/gdxw/202010/14/t20201014_35885873.shtml

"上海国际金融中心2020：新起点、新使命、新愿景,"『第十二届陆家嘴论坛（2020）』. http://www.lujiazuiforum.org/node2/n1471/n1657/n1664/u1ai36121.html.

"十九届五中全会公报要点"『人民网-中国共产党新闻网』2020年 10月 29日. http://cpc.people.com.cn/n1/2020/1029/c164113-31911575.html;

"十九届五中全会三大重点：消费、科技、双循环,"『新浪网』2020年 10月 30日. https://k.sina.cn/article_6372873842_17bda567202000uuht.html?from=news&subch=onews.

"实现中美不冲突不对抗、相互尊重、合作共赢、需要双方相向而行,"『中国新闻网』2020年7月9日. https://www.chinanews.com/gn/2020/07-09/9233393.shtml.

王毅谈中美关系：坚决反对人为制造所谓"新冷战,"『央广网』2020年8月6日. https://baijiahao.baidu.com/s?id=1674234364186900445&wfr=spider&for=pc.

"王毅：中美关系不应另起炉灶、不能强行脱钩,"『人民日报』2020年7月9日. https://baijiahao.baidu.com/s?id=1671701957087271217&wfr=spider&for=pc.

香港维护国家安全法是"一国两制"事业重要里程碑",『中国新闻网』2020年07月01日. http://www.chinanews.com/ga/2020/07-01/9226202.shtml;

"习近平在第73届世界卫生大会视频会议开幕式上致辞,"『人民日报』2020年5月19日 http://paper.people.com.cn/rmrb/html/2020-05/19/nw.D110000renmrb_20200519_2-01.htm.

"习近平主持中共中央政治局会议:决定召开十九届五中全会,分析研究当前经济形势和经济工作,"『新华社』,2020年07月30日. http://www.gov.cn/xinwen/2020-07/30/content_5531313.htm

"中共中央政治局常务委员会召开会议，习近平主持"『新华社』2020年5月14日. https://baijiahao.baidu.com/s?id=1666665447817936218&wfr=spider&for=pc

"中共中央政治局召开会议 习近平主持 会议决定党的十九届五中全会于10月26日至29日在京召开"『新华社』2020年 9月 28日. http://www.ccdi.gov.cn/toutiao/202009/t20200928_226358.html

"《中国的和平发展》白皮书（全文）", 2011年9月6日. http://www.scio.gov.cn/zxbd/nd/2011/Document/999798/999798.htm.

"中国无意改变美国，更不想取代美国！王毅外长的这些话，掷地有声,"『北京新闻』2020年5月 24日. https://baijiahao.baidu.com/s?id=1667572462998322760&wfr=spider&for=pc.

"中央屡次提及的"新基建",你知道多少,"『中国共产党新闻网』2020年 5月 14日. http://cpc.people.com.cn/n1/2020/0514/c164113-31708400.html

다자주의의 이상과 현실:
유엔 체제 및 다자주의의 위기의 이해

박흥순

[
I. 코로나 사태와 다자주의의 위기
II. 다자협력체제의 위기의 양상과 요인
III. 다자주의, 자유주의 국제질서와 미국
IV. 미국의 다자외교의 변화와 지속
V. 중국의 다자외교의 강화와 도전
VI. '포스트 코로나' 시대의 글로벌 거버넌스의 과제
VII. 다자주의의 대전환을 위하여
]

다자주의의 이상과 현실:
유엔 체제 및 다자주의의 위기의 이해

I. '코로나' 사태와 다자주의의 위기

2020년 초부터 세계로 급속히 확산되며 전인류적 보건위기 국면으로 악화된 '코로나' 팬데믹 사태 (COVID-19)는 유례없는 인류의 재앙일 뿐만 아니라 전지구적 다자협력과 국제질서에 대한 심각한 위협이 되고 있다. 그것은 코로나 바이러스 자체의 위협뿐만 아니라 사태의 대응에서 전세계적으로 전반적인 국제관계의 위기를 초래하였기 때문이다. 그 파급은 질병의 효율적 차단 및 방역의 실패, 국가 간 정보교환 및 기술적, 물질적 협력의 부실, 정치적, 외교적 공조의 결여, 그리고 경제적, 재정적 협력 미비 등 여러 측면에서 나타났다.

특히 주요 국가를 중심으로 각자 도생, 자국중심주의에 함몰되어 체계적인 국제협력의 정신과 관행, 제도가 상실되어, 다자주의 (Multilateralism)와 인류 전체의 공동의 협치와 상생을 관리하는 글로벌 거버넌스 (Global Governance)의 위기라는 전대미문의 혼돈 양상을 야기하고 있다. 가령 대규모 질병사태에 직면하여 '세계의 의회'라는 세계최대의 국제기구인 유엔(UN, 국제연합) 전반이 그 임무와 역할을 제대로 수행하지 못함으로서 국제 보건협력의 실패는 물론 전지구적 공동협력체제로서의 리더십의 한계를 드러냈다. 특히 국제질병, 특히 팬데믹 발생 및 확산에 대응하는 국제협력

체제로서 유엔의 전문기구인 세계보건기구(WHO)는 주어진 선도적인 임무 및 권한, 책임의 수행에 소홀하였다는 비판을 받는다.

그러므로 현재의 전지구적 위기는 팬데믹 질병, 보건 협력 및 다자주의의 3대 복합적 위기의 성격을 갖는다는 점에서 그 원인과 양상, 영향 등에 대한 정확한 이해와 그 극복 방안에 대한 모색이 필요하다. 코로나 사태 계기의 위기는 지난 수년간 특히 세계 패권국가인 미국 도날드 트럼프 (Donald Trump) 대통령의 '미국 우선' (America First)의 '일방주의' 행태와 맞물려, 2차 대전 이후 지탱돼 온 자유주의 국제질서 (Liberal International Order, LIO)의 근간으로서 다자협력과 그 제도의 훼손과 연결되어있다. 미국은 특히 여러개의 유엔기구 및 활동에서 이탈함으로서 전반적으로 보편적인 협력기제인 '다자주의' 협력의 제도와 관행 그리고 문화를 퇴행시키는 결과를 초래하였다.

다행히 2021년 1월 임기를 시작한 조 바이든 (Joe Biden) 미국 대통령은 미국의 동맹 강화, 세계적 리더십 회복과 다자주의의 복원을 천명함으로서 국제협력의 새로운 희망을 제시하고 있다. 이와 같은 코로나 사태에 드러난 복합적 위기를 모두 극복하는데 미국의 주도적 역할하에 다자주의의 강화를 통하여 국제관계의 정상화, 지구촌의 일상화를 회복하는 것에 기대가 커지고 있다. 왜 국제사회는 미국의 국제적 리더십 회복과 다자주의의 강화 약속에 희망을 갖고 기대와 가치를 부여하는 것인가? 과연 다자주의는 코로나 사태와 코로나 사태이후 세계질서를 안정화하는데 어떻게 기여할 것인가? 보다 근본적으로 다자주의는 일방주의와 다르게 국제사회의 협력을 촉진하고 평화와 안전, 번영을 기약함으로서 선한 거버넌스 (Good Governance)에 기여할 수 있을 것인가? 현재의 위기국면에 대한 올바른 이해를 다자주의의 본질과 실행 그리고 영향에 대하여 다양한 측면에서 살펴보고자 한다.

II. 다자협력체제의 위기의 양상과 요인

1. 다자주의의 위기의 현황

현재의 다자주의의 위기는 크게 전지구적 다자주의 위기, 지역적 혹은 소 다자주의의 위기 등으로 나타나고 있다. 특히 현 위기의 양상은 동시적, 다발적으로 전 분야에 걸쳐 나타나는 복합적 성격을 갖고 있다. 가장 두드러진 것은 국제협력의 구심점이며 세계 최대의 공식적, 제도적 다자협력의 모델인 유엔체제에서 나타난 다발적 위기 양상이다. 이러한 사태는 주로 세계 패권국이며 유엔의 최대 재정공여국이고 참여국인 미국의 정책과 전략에 의해서 촉발되었다. 특히, 2017년 이후 트럼프 대통령의 재임 기간 동안 추구된 '일방주의' (Unilateralism) 정책노선, 즉 '미국 우선주의'로 대변되는 자국중심주의 혹은 고립주의적 행태에 의해서 심화되었다. 미국이 참여 혹은 주도하여온 각종 유엔기구에서 여러 이유로 불만을 갖고 압박, 공식적인 재정지원 중지, 혹은 이탈 등으로 인한 문제인 것이다. 가령 WHO, 세계무역기구 (WTO), 유엔교육과학문화기구 (UNESCO), 유엔인구기금 (UNFPA), 유엔인권이사회 (UNHRC) 등에서 이탈이나 재정 감축이 정치적 갈등이나 활동 제약 등 국제적 영향을 미치고 있다.

미국의 일방주의 외교행태와 다자주의로부터의 퇴행은 개별 해당 기구는 물론, 주요 분야별로 다자주의의 협력 관행 및 문화도 쇠퇴시키는 심각한 영향을 끼치고 있다. 가령, WTO의 경우, 미국의 탈퇴와 상소심의 재판관의 성원 부족으로 인한 상소심의 기구 마비로 인한 기능 약화, 자유무역 질서의 후퇴와 기강의 해이가 야기되었다. WHO의 경우, 2019년 코로나 사태 계기로 미국의 재정지원 중지와 탈퇴로 재정 상태가 악화하고, 트럼프 대통령과의 갈등 확대 등

'WHO의 정치화'로 중립적인 유엔기구로서의 신뢰성, 정당성 약화로 결국 효과적인 보건질병 대응 역량이 제대로 발휘되지 못하였다. UNESCO의 경우도, 지난 2011년 이래 미국의 재정지원 중단 그리고 2019년 탈퇴로 재정상태가 현저히 약화되고 정치적 갈등도 심각한 상황이다.

국제협력과 다자주의 후퇴는 유엔체제 밖에서도 다양하게 진행되었다. 그것은 국제협정이나 공약 등 다자협력 레짐에서의 위기문제를 야기하였다. 그 예로서 미국은 트럼프 행정부에서 기후변화 '파리협정'(2015) 탈퇴, 이란 핵합의 (JCPOA, P5+ One) 탈퇴, 미국과 러시아 간 중거리핵무기협정 (INF) 탈퇴 등 일련의 일방주의적 이탈이 이루어졌다. 더구나 그 이전 국제형사재판소 (ICC) 비준 거부, 포괄적핵실험금지협약 (CTBT) 비준 거부 등 국제적 약속위반으로 인한 관련 국제규범의 약화가 초래된 것이 현실이다. 미국의 이탈은 다자주의 전반에서 정치적 갈등과 불신의 빌미가 되고, 전체적으로 자국중심주의, 일방주의 경향의 촉발로 국제협력의 정신을 훼손하고 있다.

미국의 반다자주의 행태는 지역적 혹은 소다자주의적 협력체제에서도 나타났다. 가령 트럼프 취임 이후 지속적으로 북대서양조약기구 (NATO) 회원국에 대한 일방적 분담금 증액 요구 등 집단방위, 지역 동맹 등의 규범과 관행 파괴 등으로 심각한 갈등을 일으키고 있다. 또한 북미자유무역협정 (NAFTA) 재편, 환태평양경제동반자협정 (TPP) 거부, 인도.태평양 (Indo-Pacific) 전략 추진, QUAD (미, 호주, 인도, 일본 등 4개국 전략협력체제) 추진 등을 통하여 제한적 혹은 소다자주의의 급격한 재편을 시도하여 지역적 갈등 요인이 되고 있다.

동시에 G-2로서 부상한 중국이 미국 등 서방진영 중심의 기존 국제질서에 대한 도전으로서 '중국식' 다자주의의 행태를 취하여 미중

갈등이 심화시키는 요인이 되고 있다. 중국은 지난 수십년 간의 급속한 경제성장과 국가전략을 바탕으로 국제적 영향력을 강화하는 차원에서 다자주의 참여와 중국 중심의 다자주의 체제를 적극 추진하여 왔다. 가령, 안보리 등 유엔체제 내에서 독자적으로 혹은 러시아 등과 연대하여 보다 강력한 목소리를 내고 있다. 또한 서방국가 위주의 기존 세계경제금융재정체제('Bretton Woods' system)의 견제 혹은 대항 체제로서 '신실크로드' 전략인 '일대일로'(One belt, One road) 추진, 아시아투자개발은행 (AIIB) 창설 및 주도적 역할을 하고 있다. 미국이 발을 빼고 있는 WHO, UNESCO, WTO등에 대하여 재정지원을 오히려 강화함으로서 리더십 공백을 대신 차지하려는 노력을 하고 있다.

또한 이와 같이 전반적으로 국력 및 전략, 국가관계의 변화에 따라 국제협력의 틀과 기제가 다양하게 전개되고 있다. 기존의 다자협력의 틀은 물론 지구촌 난제의 도전을 다루는 새로운 글로벌 거버넌스의 적실성에 모색이 지속되고, 가령, G7(서방선진7개국), G20(세계주요20개국) 등과 더불어 새로운 다자주의 체제의 출현과 운영이 시도되어 왔다. 유엔체제 등 기존 레짐의 약화, 다자주의의 복합화 및 다양화 그리고 새로운 다자협력체제의 출현은 한편 국제사회의 협력의 다양성을 반영하기도 하지만, 다른 한편 국제사회의 갈등과 경쟁의 새로운 양상을 반영하고 있다.

2. 다자주의 위기의 요인과 배경

코로나 팬데믹 위기는 비단 보건의료 대응의 갈등뿐만 아니라, 보다 근본적이고 광범위한 국제질서의 다양한 변화요인에 의해 심화되었는 바, 그 요인 및 배경은 다음과 같은 복합적 요소에 기인한다.

첫째, 급격한 경제성장과 국력 신장으로 인해서 최근 G-2로 부상한 중국이 국제질서의 변화를 추구하는데서 갈등이 증가하는 것이다. 특히 이는 기득권자인 미국의 패권과 마찰을 야기함으로서 양국 간의 충돌이 격화되고, 이로 인한 정치적 갈등이 경제, 기술, 무역통상, 외교, 가치 및 문화, 군사적 분야로 확대되는 양상이다. 사실, 중국은 1978년 이래 개혁개방과 더불어 초고속 경제성장에 기초한 자신감, 그리고 근래에 전자, 통신, AI(인공지능) 등 신산업분야에서의 경쟁력을 바탕으로 전통적인 '현상유지국가'를 벗어나 '체제변환의 도전국'으로 전략과 태도를 바꾸고 있다. 특히 2013년 시진핑 주석의 집권 이후, '일대일로' 등의 국제적 연대와 리더십 확대 등 추구함으로서 전반적으로 중국 주도의 국제질서와 패권국가의 역할을 모색하는 것으로 보인다.

미국은 특히 지난 4년간 트럼프의 중국 견제 노선에 맞추어 무역보복, 중국기업 규제, 인권문제 제기 등 중국의 급속한 부상에 대응하여 상당한 압박과 변화를 요구하였다. 미국 스스로가 오랜 전통적 공약인 '자유주의 다자주의' 규범과 원칙에서 일탈한다는 중국의 반발에도 불구하고, 중국의 권위주의적, 사회주의 정권에 대한 불신과 더불어 중국이 자유주의적 가치와 규범, 민주적 국제질서 및 행동양식을 존중하지 않는 것을 강력히 비판하고 있다.

둘째, 1990년대 탈냉전의 새로운 환경에서 세계화의 확산, 특히 자유민주주의 확산과 신자유주의의 가속화로 인한 문제에서 비롯된다. 미국 주도의 민주주의와 시장경제, 자유무역 체제의 이념과 규범 하에서 국제협력, 무역 통상의 확대, 재정 금융 발전 및 경제적 성장 등이 크게 이루어졌다. 국제사회는 선진국. 개도국 간의 체계적인 개발협력의 플랫폼으로서 2000년 유엔새천년개발목표(MDGs, 2000-2015)를 출범, 실행하였고, 그 후속으로 야심차게 유엔지속개발목표(SDGs, 2016-2030) 달성을 추진하고 있다.

하지만, 2008년 세계금융위기를 계기로 계속해서 세계화 및 신자유주의의 부정적 폐해가 드러나기 시작하였다. 국가 내에서뿐만 아니라 선진국과 개도국의 격차, 가령 양극화, 소득격차, 빈부격차, 디지털 격차 등의 문제를 야기하였다. 결국 세계화 및 미국 주도의 세계화의 토대로서 '워싱턴 합의'(Washington Consensus)에 대한 반발이 생겨났다. 최근 제4차 산업혁명으로 일컬어지는 급격한 산업구조와 '글로벌가치사슬'(GVC) 등 국제경제 구조의 재편이 기존의 각국의 경제행태의 변화를 요구하는 상황이다. 결국 전반적으로 2차 대전후 국제적 경제질서의 합의 기반이 약화되고, 그 부작용으로 인한 경제적, 정치적 갈등이 확대되었다. 신자유주의적 가치에 대한 불신과 더불어, 주요 선진국을 중심으로 보호무역주의적 경제 행태와 정치적으로 자국 중심주의, 권위주의, 우경화 등으로의 후퇴, 그리고 배타적 인종주의 등을 부추기게 되었다. 코로나 사태를 계기로 이러한 국제사회의 경제적 격차는 더욱 심화되고 대외원조의 감소, 기존 국제채무의 부담 등 경제, 재정 상태가 더욱 악화되는 실정에 있다.

셋째, 코로나 위기는 특히 미국, 중국을 비롯한 주요 국가 리더십 위기와도 연관이 있다. 국내적 정치, 경제, 사회적 난제에 직면하여 편협한 자국 중심주의에 치중하면서도 국민적 신뢰구축과 정당성 제고에 실패하는 것이 명백히 드러났다. 트럼프 미국 대통령의 경우, 백인 서민층과 중산층의 불만을 달래는 '편가르기' 국내 정책은 인종 간, 계층 간 분열의 심화, 외국인 및 이민자 차별 등으로 정치적 분열과 경제사회적 갈등이 확대되는 결과를 낳았다. 시진핑 중국 국가주석은 권위주의적 통치체제와 리더십으로 중국의 급속한 경제성장과 사회발전을 추동하였으나, 중국의 폐쇄적인 정치체제와 국민에 대한 정치, 사회적 통제는 상당한 내부적 불만요인이 되고 있다. 민주화 및 정치적 자유 등의 기대치가 높아지고 신장 위구르 및 티베트 문제, 홍콩, 대만 등을 둘러싼 등 갈등은 커다란 도전 과제이다. 일본(아베 및 스가 총리)이나 러시아(푸틴 대통령) 그리고 유럽국가 등의 다른 주요국 지도자들도 팬데믹 같은 전대미문의 '초국가적' 위기 상황에서, 국내적 대응과 국민적 신뢰구축에 실패하여 정치적 위기를 자초하는 한편, 절대적으로 필요한 국제적 다자협력 노력도 소홀하게 되었다.

III. 다자주의, 자유주의 국제질서와 미국

1. 다자주의와 자유주의적 국제질서

다자주의는 오늘날 국제사회에서 협력을 촉진하고 유지하는 정형화된 틀과 원칙 및 운영방식을 사용하는 국제관계의 관리 형태로서 자리 잡았다. 개념적으로, 다자주의는 "3개국이상 국가간에 국제규범과 원칙에 입각하여 국제문제를 해결해나가는 외교방식"이라고 할 수 있다. 즉 다자주의는 보편적 규범과 상호호혜성 및 불가분성을 요소로 하는 '규칙기반의 국제질서'(Rule-based international order)의 관리 혹은 유지를 의미한다. 일반적으로 복수 당사자들간에 복수 의제나 가치를 다루는 외교로서, 유엔 같은 상설적 국제기구나, 정기적 혹은 임시적 국제회의, 협의체나 지역적 기구 및 회의 등 다양한 수준과 방식으로 전개되고 있다.

유엔은 다자주의와 다자외교의 모델이라고 할 수 있는바, 미국은 다자주의 외교의 '선구자'로서 유엔 창설을 주도하였고, 유엔의 핵심회원국이며 공여자이다. 현재 미국의 유엔 재정 분담금은 22% 수준이며, 각종 국제기구 전체에 대한 재정 지원금의 규모는 연간 약 100억불 수준에 이른다. 미국은 국제연맹의 교훈을 바탕으로 2차 대전 승리 후 유엔의 창설을 통하여 새로운 세계질서로서 '자유주의 국제질서'(Liberal International Order, LIO)의 구축에 결정적으로 기여하였다. 미국은 자신의 건국이념과 헌법에 구현된 대로, 충실하게 자유주의적 이념과 가치, 그리고 질서의 규범에 기초하여 유엔을 창설하였는 바, 유엔헌장은 바로 그와 같은 정신과 목표, 원칙을 반영한 것이다

그렇다면 다자주의는 일반적으로 국제관계의 다른 접근방식인 일방주의 혹은 양자주의와 비교하여 어떠한 가치와 유용성을 갖고 있는가? 오늘날 세계 거의 모든 국가가 유엔에 가입하거나 혹은 다른 다자협의체의 참여국으로서 다자주의 정책 원칙의 수용 및 참여를 표방하고 실행하는 이유는 무엇일까? 다자외교는 오늘날 주권평등과 상호호혜의 원칙에 따라, 보편성, 민주성, 개방성을 가지고 거의 모든 국가에게 참여기회가 주어지는 공평한 '게임규칙'을 특징으로 한다. 그러므로, 다자주의의 장점은 보편적 가치와 규범, 공통의 목표를 달성하는 자발적 참여와 공약을 전제로 함으로, 대부분 정당성과 합법성을 가지고 국제사회의 안정적 관리와 질서유지에 긍정적으로 기여할 수 있다는 점에 있다. 전반적으로 다자주의는 선진국 혹은 강대국, 중견국, 개도국에 관계없이 다양한 유용성을 갖고 있는 것이다.

구체적으로 다자주의의 장점은, ▲ 국제적 연대형성의 기반 ▲ 다양한 국제의제의 주도 및 연계 기회, ▲ 국제관계의 투명성. 안정성, 지속성 및 예측성 강화 촉진 ▲ 거래.관리 비용의 절감- 정보, 협상 이행 및 기회비용의 절감 ▲ 주요현안에 대한 국내 및 국제적 정당성의 확보 ▲ 협상과 타협에 의한 융통성 (신축성) 제고 ▲ 국가의 정책 및 이행에 대한 모니터링, 관찰 기회 부여 ▲ 특정국가에 대한 설득, 압박행사의 장소 역할 등을 들 수 있다. 유엔은 헌장이 명시한 바 국제평화 및 안전, 인권보호 및 신장, 국제협력의 촉진 등의 목적을 위하여 모든 회원국의 보편성, 상호성과 평등성에 기초하여 이러한다자주의가 상시적으로 전개되는 다자외교의 전형 (모델)이라고 할 수 있다.

그러므로, 다자주의의 외교적 실행은 위와 같은 본질적인 유용성 혹은 제약을 어떻게 활용하느냐는 각국의 선택에 의해 이루어진다. 즉 각국이 이슈에 따라 국가이익을 위한 정책적 선택, 역량과 의지에 따라 수행할 수 있다. 일반적으로 다자외교 전략의 수행에서 개별국가가 공식, 비공식 회의나 협상을 통하여 할 수 있는 역할은 ▲ 지도자 (Leadership, 의제설정 및 규범창설자) ▲ 추종자 (Followership, 촉진 및 협력자), ▲ 원칙론적 반대자 (Principled Objector, 견제 및 현상유지 옹호자) ▲ 전략적 봉쇄자 (Strategic Blocker, 도전 및 규칙위반자) 등으로 크게 구분할 수 있다. 다만 모든 국가의 역할은 정형화해서 한 가지 유형으로 국한할 수는 없으며, 각국의 역량에 따라 선택의 여지는 다양하다.

2. 미국의 이익과 다자주의의 전개

미국은 왜 다자주의를 주창, 촉진하고 실행하는데 주력하는가? 미국과 같은 강대국은 특성상 다자외교의 전개에서 위에서 언급한 유용성의 활용 측면에서 상당한 역량과 지렛대를 가지고 있다. 즉, 강대국은 다자주의의 제도와 규범 내에서 행동하되, 혹시 위반 시에는 제재나 비판을 감당 혹은 무시할 수 있는 능력 그리고 여지가 크다. 따라서 강대국은 다자외교의 의제에서 지도자 역할이나 전략적 봉쇄자 역할로서 행동할 수 있는 선택지 혹은 재량성이 많다. 따라서 '가능하면 일방주의로, 하지만 필요시 다자주의로' 외교를 전개하는 편리한 도구이며 기회를 제공한다.

구체적으로 미국의 국익 입장에서 보면, 유엔의 역할과 활동은 다음과 같은 유용성을 갖고 있다. ▲ 미국의 분담공유 (burden-sharing) - 걸프전과 같은 국제분쟁에서 국제적 비용과 연대를 확보하는데 기여하거나, 특히 탈냉전 후 분쟁지역에서의 분쟁관리, 평화

구축 활동 등 '하드파워' 혹은 군사력 투사에서 다른 회원국과 비용 분담 (cost-sharing)을 하는데 유용. ▲ 미국 대외정책의 정당성의 확보- 미국의 국제협력적 활동을 주도 혹은 촉진하는 장소로서, 즉 미국의 일방주의적 혹은 신제국주의적 (neo-imperialism) 외교적 행태에 대한 비판을 피할 수 있는 국제사회의 이해, 지지 혹은 다자적 정당성 확보에 기여. ▲ 미국적 가치와 이념의 전지구적 확산- 미국적 자유주의 가치와 규범을 국제적으로 확산시키는 수단 혹은 통로로서 활용, 즉 법의 지배, 민주주의적 절차, 분쟁해결의 제도적 장치, 인권의 신장과 보호 제도 등을 확산.

다자주의 원칙과 가치에 대한 공약에도 불구하고, 미국은 종종 이러한 원칙에서 이탈하고 일방주의에 의존하며 또한 일방주의를 추구하지만, 필요시 다자주의의 틀을 적극 사용하기도 한다. 물론 이 경우에도 다자주의가 종종 미국의 일방주의적 행태를 억제하는 제약의 틀로서 작동하기도 한다. 미국이 패권국으로서의 특권과 신축성을 활용할 수 있는 역량 때문이지만, 보다 근본적으로는 미국의 대외정책은 주기적으로 혹은 동시에 '변화 (change)와 지속 (continuity)'이라는 큰 틀에서 일정한 양상을 보이고 있다. 탈냉전 시대 미국의 다자외교의 원칙 및 규범과 실제 이행에서도 항상 간격(갭)이 존재하며 그러한 흐름을 보여 왔던 것이 사실이다. 외교정책 전반과 실행에서 정책적 '수사' (rhetoric)와 적용의 '실행' (practices) 사이에는 차이가 많으며, 실제로는 일방주의와 다자주의를 혼용, 접근하는 것이 관행이다. 그러므로 역대 미국 정부의 다자주의는 적절히 단호한 다자주의 (Assertive multilateralism), 기습적 다자주의 (Stealth multilateralism), 조건부 다자주의 (Conditional multilateralism), '맞춤식 다자주의'('a la Carte' multilateralism) 등으로 다양하게 명명되기도 한다. 그것은 미국이 상황에 따라 양자주의는 물론 일방주의, 다자주의를 혼용 혹은 병행하는 양태와 성격을 의미하는 것이다.

IV. 미국의 다자외교의 변화와 지속

1. 탈냉전 시대 (1990- 2020) 미국 정부의 다자외교의 전개 분석

위와 같은 '미국식' 다자주의의 특징, 즉 수사와 실제 사이의 간격 등은 과연 구체적으로 어떻게 구현되어 왔는가? 1990년대 초부터 지난 30여 년간 탈 냉전 시대에서 보여진 미국의 다자주의 외교의 전개는, 위에서 분석한바 다자주의 외교의 변화와 지속의 여러 실제 행태를 가지고 전개되었음이 입증된다. 그 주요한 특징과 사례를 각 행정부 별로 간략히 요약해 보면 다음과 같다.

1) 부시 (George H. Bush) 행정부 (1988-1992)

조지 허버트 부시 행정부는 이전 레이건 (Ronald Reagan) 공화당 행정부 (1980-1987)의 전통적 국제주의, 힘을 통한 평화 등 기본적으로 일방주의 외교노선을 이어 받았다. 1990년 전후 소련의 붕괴 및 공산권의 몰락 등 탈냉전의 급격한 국제질서의 재편과정에서 패권국 위상의 국제적 리더십을 발휘 (강력한 개입주의 등 표방) 하여, 자유주의적 '신세계 질서' 구축에 기여하였다. 특히 사담 후세인 대통령의 쿠웨이트 침략으로 야기된 1차 이라크 전쟁 (1990-1991)의 발발시, 유엔 안보리 5개 상임이사국의 절대적 지지를 확보, 한국전 (1950) 이래 처음으로 유엔 '집단안보'를 발동하였다. 그 결과 이라크의 무조건 항복과 쿠웨이트 국권회복, 그리고 이라크에 대한 강력한 제재 부과에 성공하였다. 즉, 부시 대통령은 일방주의 기조와 정책에도 불구하고, 전 유엔대사, CIA 국장 등 외교안보 전문가로서 리더십을 발휘하여 유엔 다자주의 정책을 적극 활용하고, 그 결과 '제2의 유엔의 탄생'이라고 할 정도로 유엔의 활성화에 기여하였다.

하지만, 1992년 리우 환경회의 불참 등 다른 다자협력에는 소극적인 입장을 취하였다.

2) 클린톤 (Bill Clinton) 행정부 (1993-2000)

빌 클린톤 민주당 행정부는 이전 정부와 차별화하여 기본적으로 다자주의적 접근을 표방하였다. 이른바 '단호한 다자주의'를 표명하여, 특히 유엔 등의 외교에 기반한 다자협력을 중요시 하되, 국제분쟁 해결에서 필요시 강력한 개입을 하는 입장을 취하였다. 다만, 1993년 소말리아 내전의 유엔 PKO 참여 작전 중 미국 요원들의 참변을 계기로, 유엔 PKO 참여에는 보다 엄격하고 제한적인 참여(개입) 정책으로 전환 (대통령 각서 PDD 25호) 하여 사실상 유엔 군사활동을 자제하였다. 이러한 사건을 계기로 소말리아, 르완다 등의 지역분쟁 사태에 대한 유엔의 '실패'를 강력히 비판하고, 유엔 활동과 리더십의 개혁을 요구하였다. 또한 미국의 정책에 불만을 표시해온 브트로스 브트로스 갈리 유엔사무총장의 연임에 거부권을 행사하여, 유엔 역사상 최초로 중임을 좌절시켰다.

하지만, 유엔대사를 국무위원 지위로 격상하여 유엔외교를 중요시하고, 리우환경회의 협약문서명 등 국제환경개발 의제 참여를 공약하고, 기후변화 교토의정서 (2006년) 비준 등 다자주의 노선을 강화하였다. 그러나, 이 기간중 의회를 장악한 공화당의 주도로, 미국의 유엔분담금 비율을 25%에서 22%로 하향 조정을 요구(Helms-Biden 법안)하여 관철시키는 등 의회의 유엔개혁 요구도 강하게 제기되었다.

3) 부시 (George W. Bush) 행정부 (2001-2008)

조지 W. 부시 행정부는 클린톤 행정부와 달리 공화당 전통의 강력한 일방주의 기조 노선을 추종하며 임기를 시작하였다. 그 배경에는 존 볼튼 등 신보수주의 (Neo-Con, 네오콘) 이념과 기조가 주도하는 정책이 주류를 이룬 것이다. 네오콘은 이른 바 '신국제주의' (New Internationalism)를 표방하였는 바, 이는 심각한 국제규범 위반 시 미국이 필요한 경우 유엔 등의 다자협력 없이 선택적으로 일방주의적 개입을 할 수 있다는 원칙이었다. 실제로, 출범 첫해 2001년 미증유의 '9.11 테러' 사건을 계기로 즉각 대규모 '반테러 전쟁'을 전개하여 NATO 등 동맹군과 함께 아프가니스탄 전쟁에 개입하였다.

2003년에는 제2차 이라크 전쟁을 주도하였지만 제1차 전쟁 때와는 달리 유엔안보리의 지지 확보에 실패 (중국, 러시아는 물론, 프랑스, 독일의 반대) 하였다. 결국 유엔체제 밖에서 미국 주도의 다국적군 (A Coalition of the Willing, 동지국가연합) 으로서 개입하고, 결국 사담 후세인 정권을 축출하였다. 하지만, 다국적 군사개입의 법적, 정치적 정당성과 관련하여 국제사회 분열을 초래하였다. (이른 바 '기습적 다자주의') 또한 전후 이라크에서 민주국가 건설 노력은 천문학적인 재정과 많은 인적, 재정적 비용을 지불하고도 결국 '실패'에 직면하였다. 그러나, 북한의 제 1차 핵실험 (2006년)을 계기로 안보리의 강력한 경제제재 부과를 주도하는 등 안보리의 다자협력 체제를 활용하였다. (존 볼튼 유엔대사의 활동 등) 또한 이기간 중 유네스코 재가입 복귀 (2004년)가 이루어졌다. 하지만 교토의정서 탈퇴, ABM 탈퇴 등과 BWC (생물무기협정), ICBL (대인지뢰협정), ICC (국제형사재판소) 비준 혹은 참여 서명의 거부 등으로 전반적으로 국제규범의 실행과 다자주의에서 상당한 약화를 초래하였다.

4) 오바마 (Barack Obama) 행정부 (2009-2016)

버락 오바마 민주당 행정부는 출범 즉시 유엔과의 협력 등 다자주의 우선 노선으로 회귀하였다. 이 시기는 관여와 확대 (Engagement & Enlargement)의 외교적 협상과 개입을 우선시 하는 정책을 추구하였다. 2011년 중동·아랍지역에서의 민주화 운동 ('아랍의 봄', The Arab Spring)을 계기로, 대규모 인권유린과 압제적 독재정권에 대하여 단호한 입장을 취하였다. 2011년 3월 리비아 내전 사태시 안보리 결의 1973호 채택 및 개입을 주도하고, 강력한 군사작전을 통하여 무하마드 카다피 정권을 축출하였다. 이는 심각한 인권유린사태에 대한 국제사회의 책임을 강조하는 이른바 '보호책임'(RtoP) (인도적 개입) 원칙의 첫 적용 사례가 되어 새로운 국제규범의 기반에 기여하였다.

그러나 동시에 다자주의 정책공약과는 달리 상당한 일방주의적 조치도 감행 (소위 '일방주의 충동', Unilateral Impulse) 하였는 바, 2011년 11월 팔레스타인의 정회원국 가입에 대한 보복으로서 유네스코 분담금 지불 중지, 그리고 2014년 이라크 및 시리아의 ISIS(ISIS, 이슬람 테러조직)에 대한 군사공격, 오사마 빈 라덴 (Bin Laden) 알카에다 최고지도자 사살 작전 등 군사작전을 수행하였다. 하지만 전반적으로는 2015년 파리협정 협상 체결지지 등 다자주의 정책 집행으로 전환하였고, 이전 부시 행정부의 일방주의 외교의 유산문제를 시정 (유엔 SDG 서명, 유엔 인권이사회 복귀, 국제아동인권규약 서명) 하였다. 이 기간 또한 북한의 핵개발에 대응하여 유엔 경제제재를 지속적으로 강화하였고, 안보리 상임이사국과 공조하여 이란 핵문제의 포괄적인 타결을 주도하였다. ('P5+1, JCPOA')

5) 트럼프 (Donald Trump) 행정부 (2017-2020)

도날드 트럼프 대통령은 선거유세 기간 동안 전임 오바마 행정부의 정책을 강력히 비판하고, 미국 우선주의와 일방주의 외교노선을 취할 것임을 표방하였다. 그는 유엔 등 다자협력기구에 대한 불신을 드러내고, 당선후 미국의 유엔분담금 감축, 유엔개혁 추진을 공약하였다. 트럼프는 실제 취임후 지속적으로 유엔의 존재와 역할을 폄하하고, 애국주의, 보호무역주의 등을 공개적으로 주창하며 일방주의 정책을 추구하였다. 이미 자세히 살펴본 바와 같이, 현재의 전지구적 다자위기는 상당부분 트럼프의 정책에서 연유하였다. (실제 각종 국제조약, 유엔 등 다자기구, 다자협력체의 거부, 재정중지, 이탈 혹은 개편요구의 일방적 조치 등) 또한 나토 동맹국에 대한 일방적 방위비 대폭 증액 요구 등 '계산서 외교'는 전통 우방국과의 심각한 갈등을 야기하여 협력적 선린관계를 훼손하였다.

트럼프 행정부의 일방주의 정책은 공화당의 전통을 계승한 것이지만, 많은 분야에서 다자주의 배척과 국제협력의 거부로서 자유주의 기반의 다자주의의 토대와 협력정신을 파괴하는 수준에 이를 정도의 극단적인 성격을 띠고 있다. 이는 전통적인 공화당의 이념과 강령을 넘어 트럼프 개인의 세계관, 가치, 성품과 스타일에서 나오는 개인적 리더십의 문제에서 연유한 성격이 강하다 (트럼피즘, Trumpism). 다자주의 규범과 다자외교 전통으로 부터의 급격한 이탈은 전세계에 걸쳐 각자도생의 자국중심주의를 확산하고 동시에 미국의 국제적인 위상과 리더십을 손상하는 결과를 초래하였다.

2. 미국의 다자주의 접근요소 : 변화와 지속의 혼합

1) 국내 정치적 요소

위와 같이 탈냉전 시대 미국의 다자외교행태는 혼합적 성격, 그리고 변화와 지속이라는 양상으로 규정할 수 있다. 그렇다면 이와 같은 미국 다자주의 외교의 실제 이행에 영향을 미치는 요인 혹은 요소는 무엇인가? 일반적으로 외교정책의 결정요소는 다양하지만, 미국의 경우 일반적으로 3가지 요인, 즉 국내 정치적 요소, 다자주의 체제적 요소, 그리고 국제정치적 요소 등으로 분석할 수 있다. 우선, 국내적 요소를 살펴보기로 한다.

첫째, 자유주의 전통과 '미국적 예외주의'(American Exceptionalism)의 전통이다. 보편적 가치와 제도로서의 자유주의와 미국적인 특수성과 역할을 허용하는 예외주의적 전통간의 갈등 혹은 보완성이 상존한다. 즉 자유와 인권에 대한 존중, 법치주의 등 미국의 건국이념과 정신, 바탕을 이어온 자유주의 전통과 가치는 미국과 다른 국가 및 체제와 대비되는 강력한 사상적, 정치적 기반이다. 이와 같은 전통은 미국의 정치, 경제, 외교 및 대외관계의 요소이며, 원천이 된다. 이러한 전통은 미국이 국제사회의 리더로서 위상과 정당성을 누릴 수 있는 '소프트 파워'(soft power, 연성, 국력)의 주요 요소이다. 동시에 미국은 신생 자유민주공화국의 건국의 과정에서 유럽이나 다른 국가와 다르게 독특한 정치적, 역사적, 사회적 경험과 제도를 발전시켰다. 그리고 이와 같은 미국만의 특수한 입장과 주권 및 독자적 정체성을 유지하기 위해 필요한 경우 예외적으로 행동하는 것이 정당하다는 전통을 유지하고 있다.(예외주의) 이와 같은 미국 역사와 이념에 내재한 두 명제가 상충되기도 하지만, 많은 경우 보완적으로 미국의 입장을 강화하는 명분과 근거로서 작동하기도 한다.

둘째, '고립주의' 전통과 '국제주의' 전통의 공존이다. 건국 초기 미국 대륙 이외의 국제 분쟁에 개입하지 않는다는 고립주의적 전통(Isolationism)과 반대로 미국의 이익과 가치를 보전, 확산하기 위해 국제적으로 적극적으로 개입한다는 국제주의(Internationalism) 전통과의 갈등이 존재한다. 건국과 초기 대외정책부터 미국은 구 유럽 대륙과의 분쟁 등을 경계하고 미주 대륙 등 주변의 영향권영역을 제외하고는 외부 정세에 개입하지 않거나 휘말리지 않겠다는 강한 전통을 강조하고 있다. 하지만, 세계1차대전을 계기로 국제분쟁에 개입한 것은 물론, 제2차 대전시 미국의 개입과 리더십으로 연합국 및 자유민주주의의 승리를 가져온 이래 국제주의의 전통이 자리 잡았다. 미국이 전후 패권국가로 등장하면서 국제주의는 세계적 리더십을 유지하는 주요한 요소이며, 필요시 미국과 세계의 이익을 제고하는 중요한 접근방법으로 인식되고 있다.

셋째, '민주당' 정책과 '공화당' 정책의 전통이다. 양대 정당제의 오랜 전통 속에 민주당과 공화당은 대외정책의 기조와 정책의 수행에서 많은 공통점에도 불구하고 여러가지 차이가 있다. 하지만, 다자주의와 일방주의, 국제주의와 고립주의 등의 성향이 시대적으로 혹은 양당의 집권여부 등에 따라 혼용, 혹은 주기적인 변화를 보이는 것이 현실이다. 전통적으로 공화당은 일방주의를 선호하고 고립주의적 성향이 강한데 비해, 민주당은 다자주의 우선, 그리고 국제주의 성향이 강하다고 할 수 있다. 공화당은 고립주의 정책에도 불구하고 필요시 '힘을 통한 평화' 등 미국의 국익을 달성하기 위한 정책을 적극적으로 구사하는 전통을 가지고 있다. 이에 비해 민주당은 특히 다자주의적 전통의 경향이 강하며, 주로 외교적 대화와 협상 등을 통한 협력을 우선시하는 정책을 수행해 왔다.

매우 중요한 사실은, 양원제 미국 의회에서, 상·하 양원의 구성 분포가 실제 미국의 유엔정책 수행에 상당한 영향 (특히 장애요소)을 미칠 수 있다는 점이다. 행정부의 대외정책의 수행은 실제 그 실행에서는 재정지출 등에서 항상 의회의 협조 및 승인을 필요로 함으로, 의회는 미국의 대외정책에서 중요한 행위자이며 지렛대를 행사하게 된다. 특히 집권 여당 행정부와 의회 (특히 상원) 다수당이 상이할 경우, 견제가 심하고 그로 인한 갈등이 야기되는 경우가 많다. 일부 극보수 성향 공화당 의원들은 유엔의 역할 증대와 독립성이 미국의 주권에 대한 위협이 된다는 인식하에 유엔에 극히 비판적인 입장을 견지하고 있다.

넷째. 대통령의 리더십과 스타일의 문제이다. 미국 대외정책의 최고결정자 및 수행자로서 행정부의 수반인 대통령의 리더십과 스타일 등이 영향을 미치는 것은 당연하다. 즉, 이념적 성향, 가치관, 지식, 경험, 역량 등의 자질과 개인적 성격, 관심 등에 따라서, 미국의 대외정책이 일방주의나 다자주의의 경향으로 전개되는데 영향을 미친다. 또한 의사결정에서 대통령 일인외교 중심의 '하향식' (Top-down)이냐 혹은 제도와 절차를 중시하는 '상향식' (Bottom-up) 이냐로 달라지기도 한다. 프랭클린 루즈벨트 (F.D. Roosevelt) 대통령의 2차 대전 개입이나 유엔 창설의 역할과 트럼프 대통령의 극단적 일방주의 정책까지 대통령의 기본적 입장이나 선호도가 어떻게 미국 대외정책의 결과로 나타나는지는 명백하다. 그 바탕에는 리더십과 스타일을 형성한 개인적 차원의 심리적 요인 및 가정 배경이나 교육, 경험 등 정치, 경제, 사회적 배경 등 개인적 요소들이 작용하고 있는 것이다.

2) 다자주의 체제적 요소- 유엔 개혁의 상시적 의제

다른 미국의 대외정책 결정요소로서는 유엔 등 다자주의 체제 자체라고 할 수 있다. 즉. 미국은 특정 사안과 관계없이 유엔의 개혁 및 정책변화를 대유엔 정책의제로 지속적으로 제기하고 있다. 유엔의 최대 재정기여국으로서 특히, 행정 및 관리 개혁, 재정개혁 등을 주창하며 유엔 조직 및 활동의 효율화, 슬림화 등을 촉구하여 왔다. 물론 미국의 관점에서 실제적 측면에서 유엔의 문제점을 시정하려는 입장도 있는 반면, 또한 정치적인 이유로 유엔의 개혁을 주창하는 지렛대의 측면도 있다. 유엔을 다자주의 외교의 핵심으로서 활용하지만, 동시에 유엔이 미국의 입장과 다르거나 지지가 제대로 이루어지지 않는 경우 유엔의 역할을 견제하기도 한다. 그 배경에는 창설주도국으로서 절대적 우위와 지지를 확보했던 기구에서 미국의 영향력이 상대적으로 약화되는 것에 대한 불만이 있다. 유엔과 '애증의' 관계를 가진 미국은 총회 등의 기구가 대다수 개도국에 의해 좌지우지되는 것에 불만을 갖고, 유엔을 보다 미국의 영향력을 미치기 쉬운 구조 및 체제로 바꾸기 원하는 속셈이 있다.

가령, 유엔을 현재와 같은 '1국 1표주의'가 아니라 재정기여 정도에 따라 그 권한을 달리하는 (일종의 '비중투표제') 등의 변화나, 유엔 업무의 민영화, 외주화 ('아웃 소싱') 등을 옹호하고 있다. 미국이 자주 유엔분담금의 지불을 지연하는 등의 행태는 이러한 불만을 표출하거나 개혁 요구를 관철하기 위한 방편으로 행사되는 경향이 강하다. 유엔 사무총장 등이 독자적인 역할을 강화하거나 특히 미국의 정책에 어긋나거나 반대하는 경우, 직,간접적으로 압박을 행사한다. 가령 브트로스 갈리 (Boutros Ghali)전 사무총장의 연임 저지나 코피 아난 (Kofi A. Annan) 사무총장 아들의 재정 스캔달을 조사한 것 등은 그 예이다. 하지만 미국의 특권이 잘 보장된 유엔안보리 (안전보장이사회) 개혁 같은 이슈에는 미온적인 것이 사실이다. 사실 안보리 개혁은 가장 뜨거운 유엔개혁 현안으로서 그 구조 및 구성, 권한 및 책임의 개선 등 많은 제안이 논의되고 있지만, 미국은 대체로 현상유지를 희망하고 있다. 다만, 현실적으로 유엔의 구조개혁은 헌장규정상 거부권을 가진 안보리 상임이사국 (P5)의 합의, 절대다수 회원국의 합의, 각국 비준 절차 등의 복잡한 과정을 거쳐야함으로 결코 쉽게 실현될 수 없는 '판도라의 상자' 라는 난관이 있다.

3) 국제정치적 요소

국제분쟁 등 중요 사건과 국제체제의 변화에서 야기되는 국제정치적, 외부적 환경적 요소도 미국의 다자주의 정책에 영향을 미치는 중요한 부분이다. 패권국으로서 '세계경찰국가' 역할을 자임한 미국은 국제분쟁 등 주요한 국제적 급변상황이나 사건 등의 경우 그에 대한 적극적 대응으로서 유엔 다자외교를 활용하기도 한다. 특히 국제평화 및 안보문제의 경우, 가령 1990년 사담 후세인의 쿠웨이트 침공이나 2001년 9.11 테러사건 사건에서 미국이 유엔의 군사적 조치를 주도한 것이 그 대표적 사례이다. 2006년 이래 북한의 핵실험 및 미사일 시험발사 등 도발 사태를 국제안보에 대한 위협으로 간주하고, 일련의 강력한 안보리의 경제제재를 주도한 것도 또 다른 예이다. 다른 분야, 가령 인권, 개발 및 환경 등 이슈가 국제사회의 요구 혹은 유엔의 주도로 논의되는 경우 미국은 이에 대한 적절한 대응이나 조치를 강구해 왔다. 물론, 유엔에서의 논의나 조치가 그 정책적 입장과 다르거나 불만인 경우, 가령 유네스코에 대한 재정 중지, 인권이사회 철수, 2015년 파리기후협정 탈퇴 등에서 같이, 그 보복으로서 재정지원 중지나 이탈하는 등의 조치를 취하기도 한다.

미국은 또한 다자주의의 국제규범 기반이나 주요 강대국의 도전 등의 국제환경적 변화가 생기는 경우, 이를 불안정 혹은 위기 요인으로 규정한다. G-2로 대변되는 중국의 부상과 중국식 다자외교 강화를 자유주의적 다자주의 원칙에 반하고, 기존의 미국의 주도권이나 중대한 국가이익에 대한 심각한 도전으로 간주하고 있는 것이다. 미국은 중국과 같은 '수정주의' 국가 혹은 '현상타파' 국가가 기존 다자주의 틀 내에서 '부당하게' 그 영향력을 확대하고 혜택을 누리는 것을 공개적으로 강력히 비판하고 있다. 또한 이러한 논란이 되는 국제기구, 가령 WTO 및 WHO의 탈퇴 및 재정지원 중지나 심지어 탈퇴하는 조치로서 대응하고 있다. 미국의 일련의 대응은 국제체제의 변화 조짐에 기인한 국제정치 역학이 패권국가의 위상과 역할은 물론 다자주의에 미치는 영향을 고려한 전략인 것이다.

V. 중국의 다자외교의 강화와 도전

1. 중국의 다자외교 정책변화와 강화 양상

다자주의의 위기의 요인의 하나는 언급한 바와 같이 중국이 새로운 위상과 더불어 최근 다자외교를 급속히 확대하는 추세라고 할 수 있다. 중국은 1971년 유엔가입 (대만 대체) 이후, 오랜 기간 개도국으로서 유엔에서의 역할이나 기여는 미비했던 것이 사실이다. 그러나 탈냉전 시대 활성화된 안보리를 비롯하여 유엔 활동 전반에서 서서히 그 입지와 역할을 강화하기 시작하였다. 안보리 상임이사국의 지위, 핵 보유 등 군사대국, 그리고 최근 G2로서 등장한 경제력이 그 배경이다. 그간 "평화발전", "평화굴기", "조화세계" "도광양회" 등의 국가전략을 거쳐 최근 "책임대국", "유소작위" 등 보다 적극적으로 국제사회에서 역할을 강조하고 있다. 특히 "중국의 꿈"을 이루기 위한 국가발전의 비전과 전략 하에 중국은 최근 비약적인 경제역량과 정치적 자신감을 바탕으로 외교적 역량과 지평을 크게 확대하고 있다. 2021년 '소강사회' 달성, 2035년 선진국 진입, 2049년 건국 100주년의 세계 최고 경제대국의 가능성을 위하여 이에 상응하는 군사력 증대 및 정치적 역할 강화를 추구하는 계획을 세웠다. 외교적으로는 강대국 외교, 지역외교, 개도국 (제3세계) 외교, 그리고 다자외교를 수행하기 위한 외교 목표를 체계적으로 수행하는 추세이다.

특히 주목할 것은 전방위적으로 다자외교를 강화하여 중국 중심의 세계질서 속에 국제사회를 연결하려는 야심찬 국가전략의 하나이다. 그리하여 중국의 '다자외교 굴기'는 최근 유엔 체제를 비롯한 각종 기구, 지구적, 지역적 다자협력체에서 다양하게 전개되고 있다. 특히 유엔 활동 및 다자외교의 주요의제에서 점차 보다 적극적인 참여와 발언권을 강화하고 있다. 가령 유엔 분담금 비율증가, PKO 참여병력 확대 그리고 대외원조 (ODA)의 전방위적 확대 등 다방면의 인적, 재정적, 군사적 기여는 물론 '소프트 파워'로서의 리더십 강화를 보여준다. 구체적으로는 중국은 2019-2021년 현재의 연간 유엔 정규분담금 및 PKO 분담금 수준에서 미국에 이어 세계 제 2위 (각 12.5% 및 15%)를 차지한다. 또한 유엔의 가장 현시적인 활동인 PKO 분야에서도 중국의 발전은 두드러진다. 중국의 유엔 PKO 참여 요원은 현재 약 2,600명으로 P5 중 최대 규모, 유엔회원국 전체 11위 수준이다. 전통적으로 내정불간섭 등 '외교 5원칙'을 이유로 PKO 참여에 부정적이던 중국은 "책임대국"의 입장에서 접근하고 향후 참여 인원을 8천 명 규모로 확대할 것을 천명하였다.

중국은 오랜 기간 국제의제를 주도하기 보다는 소극적 입장을 취하였다. 하지만 유엔의 핵심기관인 안보리의 의사결정이 주로 '합의제'(consensus)로 이루어지는 현실에서, 상임이사국 '거부권'(veto)을 지렛대로 실제로 주요한 의사결정에서 키를 쥐고 있는 상황이다. 단순한 견제자 (훼방자)의 역할에서 더 강력하게 미국의 정책이나 리더십을 반대하거나 주로 개도국의 입장을 대변하는 역할을 자임하고 있다. (북한 핵문제, 시리아 내전 등의 사례) 또한 다른 차원에서 다자협력체의 참여를 확대하고 있는 추세도 두드러진다. 가령 근래 유엔기후변화 파리협약 참여, '일대일로' 전략, 아시아인프라투자은행(AIIB) 창설을 주도하였다. 미국의 유네스코 및 WHO 재정지원 중지 및 탈퇴 선언 이후, 중국은 오히려 이들 기구에 재정지원 확대를 공약하였다. 지난 몇 년간에 걸쳐 특히 유엔사무국의 고위직 확보와 더불어 최근 여러 전문기구의 수장 4명 (유엔식량농업기구(FAO), 유엔산업개발기구(UNIDO), 국제민간항공기구(ICAO), 국제전기통신연합(ITU) 사무총장 등)을 배출하여 관련분야에서의 중국의 입김을 강화하는 통로를 구축하는 등 국제기구 '외교굴기'를 확대하였다. 또한 코로나 사태 이후, 중국은 그 발원에 대한 책임 논란과 관계없이 적극적인 '백신'외교를 통하여 동남아, 중남미 및 중동.아랍지역 등 개도국에 대한 적극적인 대외원조를 확장하고 있기도 하다.

중국은 그밖에도 다양한 주요 다자주의 협의체 및 국제기구를 주도하거나 창설하며 국제적 네트워크와 협력을 강화하고 있다. 주요한 것을 살펴보면 ▲ SCO (상해협력기구) ▲ AIIB (아시아인프라투자은행) ▲ China- Africa Forum (중국-아프리카 국가포럼) ▲ Boa

Forum (보아 세계경제포럼) 등 이다. 그밖에도 중국이 제안하거나 참여하는 주요 협의체 및 국제기구로서는 ▲ BRICS (5개 경제협력체) ▲ NDB (신개발 은행, BRICS 회원국) ▲ FTAAP (아시아태평양지역자유무역협정, 2025년 타결목표) ▲ RCEP (지역내포괄적경제동반자 협정) ▲ CICA (아시아 역내 상호교류신뢰구축 협의체) 등이 있다.

2. '중국식' 다자외교의 특징와 함의

중국의 적극적인 다자외교의 강화가 유엔을 비롯한 전지구적 다자주의에 미치는 영향 혹은 함의는 무엇인가? 중국이 최근 공세적으로 다자적 네트워크를 구축하는 것은 다자주의 체제가 양자외교나 일방외교와 달리 독특한 '소프트 파워'로서의 외교적 가치가 큰 것을 인식하고 활용하는 새로운 전략에서 나온 것이다. 세계대국으로서 중국의 이념, 가치, 목표를 반영, 구현하고 국제적 지지속에 다양한 국제문제에서 정당성을 제고하여, 향후 패권국가로서 효과적으로 국제질서를 관리하려는 의도를 시사한다. 중국의 이러한 적극적 다자외교 정책은 공교롭게도 패권국 미국이 특히 트럼프 행정부에서 다자외교에서 미온적이거나 적대적인 입장을 취하는 국면과는 매우 대비되는 것이다.

다자외교의 강화에도 불구하고, 실제로 중국은 대부분의 글로벌 당면과제에서 주로 주요한 국제평화.안보 문제에서 소극적, 제한적 역할에 국한된 것이 사실이다. 아직 다자외교의 의제 설정자 (agenda-setter)나 규칙 제정자 등의 능동적 리더 역할은 전반적으로 부진하다. 현재의 국제질서가 미국 및 서방 주도의 자유주의적 질서임을 감안하면, 중국은 이러한 체제의 개편이나 대체를 하기에는 역량이 부족하다. 하지만, 기존의 자유주의 다자주의 체제의 틀 가운데서 중국은 최대한의 '틈새이익'을 추구하는 전략을 추구하였다. 1978년 개혁개방 이후 중국의 초고속 경제성장과 군사력 강화, 대외적 영향력의 확대는 이와 같은 틈새전략을 활용한 측면이 강하다. 오랜 기간의 '도광양회' 전략은 강대국으로서의 국제사회에서 책임을 최소화하는 대신 이익을 최대한 얻어내는 실리적 접근을 의미했다. G2의 위상에도 불구하고, 소위 '77그룹 플러스 원'(G77+One)의 개도국 위상과 역할을 자임함으로서 국제적 책임을 경감하는 하는 대신, 서방 선진국에 대항하는 개도국과의 연대와 지지를 확보하는 명분과 실리를 추구하는 행태를 보이고 있다. 지역적 다자주의 혹은 소다자주의 등에서는 중국 주도로 보다 적극적이고 견고한 리더십을 발휘하는 것이 사실이다. 중국은 글로벌 차원의 다자외교와 지역적, 소다자주의적 외교의 연계를 통한 다자외교의 포괄적 '시너지'를 추구하는 것으로 보인다.

중국의 부상과 더불어 '중국식'의 외교행태에 대하여 점점 많은 국가들이 경각심을 가지고 있는 상황이다. 가령 신장 위구르 사태, 티벳 등 지역 분쟁과 인권억압, 홍콩, 대만 문제, 남중국해 문제 (국제사법재판소 판결 부인), COVID-19 사태 등의 대응조치에서 나타난 바, 인권, 민주주의, 법치 등 보편적인 국제규범을 명백히 위반하는 등의 행태에 대한 국제사회의 비판이 크다. 중국이 경제성장을 위해 자유무역주의의 틀 속에서 반칙과 편법을 사용하고, 기술의 탈취·모방을 일삼았다는 의심을 받고 있다. 중국이 자랑하는 유엔 MDG에 대한 기여 성과도 사실상 자국의 빈곤과 개발문제의 해결 문제에 주로 국한된 것이다. 또한 중국은 일대일로 등 전략 하에 아프리카 등에 대한 대외원조를 확대하고 있으나, 조건부 원조 및 직접투자 등은 종종 일부 '착취적' 성격의 거래로서 상당한 반발을 일으키는 실정이다. 중국의 외교력 구사는 이른바 '전랑(늑대전사) 외교'로 일컬어지는 강압적, 보복적 성격으로 표출되는 경우가 늘어나고 있다. 코로나 바이러스 감염 발원지와 관련해 국제조사를 요구한 호주에 대한 수입금지와 보복관세, 한국의 사드(THAAD)배치와 관련된 경제, 관광, 한류 산업분야의 보복이 대표적 사례이다.

이와 같은 이중적 태도와 '중국식'의 '편의주의적' 혹은 '강압주의적' 다자주의 접근은 다자외교의 역량과 정당성에 대한 부정적 인식을 낳고 있다. 대외정책의 "이중적" 정체성이나 정책목표와 정보 및 절차의 투명성 결여 등 모순된 역할이나 전략은 아직 중국이 다자외교의 주도국 혹은 리더로서의 역할수행에 한계를 가지고 있음을 보여준다. 그것은 국제사회의 지지, 분담공유와 책임의 문제에서 과연 중국이 '매력 있는' 패권국가로서의 적극적 역할을 할 수 있는 역량이나 의지가 있느냐의 문제이다. 현재의 다자주의 세계질서를 향후 중국 주도의 규범과 의제 하에 재편하려는 전략적 수행에서는 상당한 제약으로 작용할 것이다. 하지만, 중국의 공세적인 다자외교 강화의 야심은 계속될 것이고, 이러한 시도는 기존의 다자주의 질서의 정체성과 방식에 대한 도전과제를 지속적으로 제기할 것이다.

VI. '포스트 코로나' 시대의 글로벌 거버넌스의 과제

1. 보건안보 및 인간안보의 규범 강화는 전화위복의 기회?

2019년 말 이래 중국발 코로나 질병의 전인류적 재앙이라는 중차대한 복합적인 국제위기에서 미국을 위시한 주요국은 일방주의 대외정책을 고수하며 다자협력에 소홀함으로서 효과적인 대응에 실패하였다. 뿐만 아니라 아프리카 등 개도국의 경우, 코로나19 확산에 따른 보건위기는 물론 경제적 타격과 식량난도 심각한 문제이며, 이와 같은 재앙은 '파괴적이고 장기적인 영향'을 미칠 것으로 예상된다. 이러한 상황은 보편화된 자유주의적 국제질서의 다자협력의 기반을 상당히 약화시키는 것은 물론 나아가서 '글로벌 거버넌스'의 위기의 문제를 야기하였다. 그러므로 포스트 코로나 ('post-Corona') 시대에 대비하여 다자주의의 시급한 복원 혹은 개편과 글로벌 거버넌스의 재정립을 모색하는 노력이 절대 필요해졌다.

현재의 국제적 보건질병 위기가 지속됨에 국제사회는 각자도생의 대응을 넘어 공동으로 방역조치, 치료제 및 백신 개발, 보급 등의 전지구적 협력이 절대적 필요한 것에 대한 새로운 각성이 생겨나고 있다. 국제적 연대 (빌게이츠 Bill Gates 재단 등) 등 NGOs, 시민사회에서의 자각, 주요 국가 주도의 보건질병 특별공동기금 (가령, COVAX 기금 등)와 미국, 영국 등의 주요 의학 산업계의 백신개발 성공 보급 및 치료제 개발 박차 등 지속적인 활동이 이루어지고 있다. 이와 같은 전지구적인 협력 확대 및 지지 참여는 보건위기 극복이 국제공공재 (global public goods)와 국제공공정책 (global public policy) 차원의 문제로서의 인식과 실효적 접근이 촉진되는 것을 의미한다. 가령, 국제사회는 WHO를 포함 주요 당사자가 국제보건위생 (안보) 공동체 혹은 레짐 강화 ('국제보건규칙'의 강화, 독립적 패널 도입, 재정 확충방안 등)를 위한 구체적 방안을 제시하고 추진하는 것이 필요하다.

코로나 사태가 야기한 전지구적 당면과제는 특히 '비전통안보' 이슈 혹은 '초국적 이슈' 등 의 실질적 의제화와 우선순위, 협력방안 등 정책에 대한 재고찰의 기회가 되었다, 특히 '보건안보' 및 '인간안보'의 재조명 및 강화를 위한 국제적 논의가 활성화되고 유엔기구나 국제협력체에 의한 다자주의 외교의 활동을 촉진할 수 있는 계기가 되었다. 국제사회는 나아가서 보건안보의 접근에서 단순한 보건위생의 차원을 넘어 보다 포괄적이고 통합적인 접근의 필요성을 재인식하고 있다. 가령 개도국의 '지속가능개발'을 중심으로, '평화구축' (peace-building)을 포함한 '평화활동' (peace operations), '인간개발' (human development), '인간안보'(human security)의 상호연계 등에 대한 새로운 이해가 생겨났다. 나아가서 이러한 통합적 접근의 실현에는 전지구적으로 입체적, 구체적 계획과 상당한 자원의 투입, 그리고 그 추진방안이 필요함을 인식시키고 있다.

이러한 진전은 국제사회의 평화와 안보에 대한 새로운 인식과 재정의, 이를 구현하는 글로벌 거버넌스의 개편과 '선한 거버넌스'의 요구 증대로 나타날 전망이다. 특히 글로벌 거버넌스의 본질상, 국가행위자와 더불어 비국가행위자로서 NGO 등 시민사회, 유엔 등 관련기구, 산업계, 연구기관, 공익재단 등의 전지구적인 참여와 협력이 필수적인 것이 명백하다. 말하자면, 오랜기간 제기된 글로벌 거버넌스의 개선 혹은 강화 '담론'이 사상초유의 실제적인 전지구적 위기와 재앙의 경험을 바탕으로 보다 효과적이고 효율적인 실행으로 전환되는 모색이 다각적으로 이루어질 것이다.

2. 바이든 대통령 시대 미국의 리더십 회복과 다자주의 복원

1월 20일 미국의 바이든 민주당 대통령의 취임으로 미국의 대외정책 및 다자주의는 새로운 전기를 마련하였다. 바이든은 선거기간 중 트럼프의 일방주의 노선과 동맹국을 유리시키는 행태를 비판하고, 전통적인 미국의 대외정책 기조로서 국제협력과 다자주의에 기반한 미국의 리더십 회복을 이미 천명하였다. 오랫동안의 정치, 외교 경험을 가진 바이든 대통령이 이끄는 패권국 미국의 리더십 회복과 안정적인 다자주의 체제의 회복에 대한 기대가 커졌다. '오바마 2.0'이든 '바이든 1.0'정책 노선이든 간에, 현재의 시급한 코로나 사태의 극복을 위하여 국내적 및 전지구적 차원의 정확한 인식, 극복을 위한 전략, 그리고 정치적 리더십을 발휘할 것으로 보여진다. 나아가서 약속한바 파리기후변화 협약 복귀, WHO 재가입 등 신속하게 일방주의의 유산을 극복하기 위해 노력하고, 그 결과 미국 주도의 유엔 체제 및 다자주의는 다시 정상화될 가능성이 크다. 미국은 트럼프의 반다자주의 행태로 인하여 중국이 오히려 유엔 내에서 '영향력 확대'라는 반사이익을 증대시켰다는 사실을 계속 주시하게될 것이다. 또한 '동맹우선 외교' 등 NATO 회원국 등과의 유대 강화, CPTPP(포괄적점진적환태평양동반자협정)를 비롯한 경제협력체의 복귀를 통한 아시아·태평양 국가와의 경제협력 강화 등 주요 지역 및 소다자주의의 복원과 활용도 가속화될 전망이다.

그러나 바이든 신행정부의 '다자주의' 대외기조 하에서도 여전히 '선별적' 다자주의와 일방주의를 적절히 병행하는 행태는 지속될 것이다. 미국의 전통과 관례에 따라 동맹, 자유무역, 국제주의 등을 옹호하면서도 사안과 필요에 따라 국제사회에 대하여 다양한 요구나 압박을 구사할 것은 물론이다. 더구나, 트럼프 대통령 시대에 추진된 다양한 정책은 무조건 '롤백'(roll-back)이 아닌 미국과 세계의 이익 관점에서 재점검 추진될 것이라 여겨진다. 포스트 코로나의 국제관계에 대하여 여전히 자국중심주의나 신민족주의 경향이 지속되리라는 비관적인 관측과 보다 낙관적인 관측이 존재하는 것이 사실이다. 하지만 바이든 행정부는 트럼프식 '일인외교'와 일방주의적, 즉흥적 방식보다는 전통적인 절차와 관행에 입각하여 협의와 타협을 중심하는 보다 합리적인 외교정책 결정 방식을 취할 것이다. 마침 바이든 행정부의 출범에 맞추어 민주당이 하원의 다수당 의석은 물론 상원의석수 (50대 50대)에서도 유리한 상황에서, 외교정책 수행의 절대적인 협력자로서 미국 의회의 협력과 지지를 이끌어내는 노련한 대 의회 리더십도 기대된다. 이와 같은 리더십 발휘는 자유주의적 국제질서와 다자주의의 회복을 통하여 '동반자 외교'로서 국제사회의 신뢰와 협력 분위기의 제고에 기여할 것이다. 다만, 코로나로 야기된 경제적 불황과 미국 내의 심각한 분열을 극복하고, 약화된 미국의 국가경쟁력을 다시 복구하는 것은 매우 어려운 과제이고, 그 만큼 미국의 글로벌 리더십을 회복하거나 발휘하는 것도 여러 장애에 부딪힐 것이다.

또한 G-2로서 중국도 계속 다자외교의 강화 및 내실화를 통하여 국력에 상응하는 "중국식" 다자외교를 추구할 것인바, '미국식' 자유주의 국제질서와 어떻게 조화될 것인가의 문제가 계속 대두될 것이다. 미국의 다자주의 복귀에 따라 중국의 다자주의 외교 행태는 상당한 영향을 받을 것이다. 미국은 분명히 중국이 유엔 등 다자주의의 기존 규범과 틀 가운데서 원칙과 규정에 기반하여 행동하고 책임도 지는것을 요구할 것으로 보인다. 바이든 대통령이 2019년 제시('포린 어훼어즈' 기고)한 바 대로, 미국의 신행정부는 계속해서 미국의 "규칙제정자"로서의 리더십을 강화하고, 미래기술 및 산업에서 중국의 불공정 정책이나 행태에 대하여 강력하게 견제할 것이지만 동시에 비핵화, 기후변화, 보건안보 문제에서는 중국과 협력하는 새로운 관여정책을 추진할 가능성이 크다. 말하자면 미국은 도전국 중국의 역할을 견제하면서 중국이 다자주의의 수행에 보다 원숙하게 역할을 할 것을 요구하고 압박할 것이다. 이와 같은 미국의 주도권은 두 강대국 간에 긴장과 갈등을 야기하면서도, 과연 어느 국가의 리더십과 행동이 더 많은 국제사회의 지지와 신뢰를 받고 정당성을 더 갖느냐의 선의의 경쟁 관계를 조성할 것이다.

3. 유엔의 개혁과 리더십의 강화 요구

다자외교의 회복을 위하여서는 가장 중심적인 다자협력기구인 유엔의 개혁을 통하여 그 활동과 역할의 적실성을 새롭게 구축해야 하는 과제도 중요하다. 언급한 바 미국의 개혁 요구를 포함, 안보리 개혁을 강하게 희망하는 G4 (일본, 독일, 인도, 브라질), 그리고 개도국까지 국제사회는 유엔체제의 구조와 구성, 정책 및 프로그램에 대한 개혁을 주창해 온지 오래이다. 하지만 유엔개혁은 안보리, 재정, 행정관리 등 사안별로 각기 상당히 복잡하고 어려운 과제이다. 코피 아난이 유엔개혁은 결과가 아닌 '과정'이라고 지적했듯이, 유엔 조직의 목적달성과 효율성을 위해서 지속적으로 이루어져야 하는 과업이다.

코로나 사태를 계기로 유엔 각 기구 수장들이 조직의 최고책임자로서 다양한 역할과 수행할 수 있음에도 그 존재감이나 역할이 미흡하였다고 할 수 있다. 주된 역할이 기대되었던 WHO의 경우, 사태 초기에 보다 적극적인 방역 경보나 조치 대응의 실패를 비롯하여 전반적으로 임무를 제대로 수행하지 못했다는 비판을 받았다. 테워드로스 아드하놈 거브러여수스 WHO 사무총장은 중국편향의 의심 때문에 '정치화' 논쟁에 휘말렸고, "과학에 기반을 두지 않은 정치적인 기관"(마이클 폼페이오)이라는 미국의 비판에 직면하는 등 신뢰성 상실로 주요국가의 협력을 얻는데 실패하였다. 유엔의 경우, 가령, 안토니오 구테레시 유엔사무총장이 지난 3월 하순 세계분쟁지역에서의 90일 간 '코로나 휴전결의'를 촉구하였으나 안보리는 7월 중순에서야 '늑장' 결의문을 채택하였다. 9월 제75차 유엔총회 개막시 고위급 회의 개최 등 코로나 사태를 다루었으나 안보리의 소극적 조치 등 전체적으로 유엔은 국제사회의 대응을 주도하는데는 미흡하였다.

따라서, 다자협력의 구심점으로서 유엔의 역할에 대한 요구가 커지고, 더불어 안보리 문제를 비롯하여 유엔의 행정, 관리 및 재정의 개혁 요구 등 제도적 개혁요구도 더욱 거세질 것이다. 가령, 새로운 거버넌스의 구축 필요성에 따라, 현재의 WHO 등 관련 기구 역할과 활동에 대한 능률성, 효과성 및 정당성에 대한 혁신적인 검토가 필요하다. 만약, 국제기구의 규범이나 원칙이 심각한 도전을 받거나 혹은 변화 요구에 직면하는 경우, 다자주의의 불안정 혹은 위기가 발생하게 마련이다. 또한 코로나 백신의 생산, 배분, 판매를 둘러싼 선진국의 편중과 개도국의 경시처럼 선.개도국의 갈등 요인도 심각한 상황이다.

그러므로, 유엔은 코로나 사태를 계기로 보건위기를 비롯한 전지구적 난제의 해결을 위하여 국제사회의 협력을 결집을 위한 능동적인 이니셔티브를 취해야 한다. 미국의 다자주의 노선 복귀 공약에 맞추어 국제사회는 어느 때보다도 개혁의 필요성에 공감하는 시점이므로 유엔은 이러한 기대에 선제적으로 부응해야할 것이다. 국제기구의 수장은 유엔기구의 전문성, 독립성, 중립성을 바탕으로 주어진 권한과 책임을 적절히 행사하고, 주요 회원국의 협조와 국제사회의 협력을 조정, 리드하는 것이 필수적이다. 특히 유엔사무총장은 '세계 대통령'으로서의 정치적, 행정적 권한을 활용하여 전지구적 위기나 현안에 대응하여 전지구인의 참여를 유도하고, 유엔의 혁신적인 역할을 위한 새로운 비전과 전략, 그리고 강력한 추진 의지를 천명함으로서 약화된 신뢰를 회복해야 한다.

VII. 다자주의의 대전환을 위하여

코로나 사태로 드러난 바, 현재의 국제사회의 심각한 위기는 복합적이고 다층적임이 명백하다. 사태의 초기 헨리 키신저 전 미 국무장관은 코로나 펜데믹으로 세계질서가 바뀔 것이며 자유 질서가 가고 과거의 '성곽시대'(Walled City)가 다시 도래할 수 있다고 경고함으로서 경종을 울렸다. 지난 1년간의 위기의 국면은 여전히 지속되고 있지만, 다행스럽게도 각국 정부와 세계시민들에게 심화된 전지구적 상호의존과 인류공동체로서의 각성과 연대의식도 서서히 제고시키는 계기가 되었다. 나아가서, 인류가 가진 역량과 체제를 바탕으로 시급하게 바이러스의 퇴치를 위한 국제적 공조도 형성되기 시작하였다. 즉 전면적인 파국적 사태가 전지구촌의 반성과 교훈, 그리고 극복을 위한 전략과 단결의 절호의 기회로서 세계의 새로운 대전환점이 된 것이다. 미래학자 짐 데이토 교수도 "전 세계 모든 지배구조는 위험할 정도로 노후화했으므로, 현재의 팬데믹 유행은 오늘날 거버넌스를 근본적으로 재고할 수 있는 좋은 기회이며, 세계를 반영한 새로운 형태의 글로벌·지역 거버넌스가 필요하다"고 주장하였다.

이제 위기 극복의 시대적 명제에 직면하여, 국제사회가 보다 안정적이고 평화로운 '포스트 코로나'의 '세계질서'를 구축하기 위해서는 다자주의의 강화를 통한 새로운 거버넌스의 재정립이 필요한 것이 명백해졌다. 이를 위해서는 신자유주의적 질서의 가치와 목표를 다시 확인하되 동시에 그 부작용 및 폐해의 문제, 가령 개발의 격차, 디지털 격차, 혹은 빈부의 격차 등 전지구적 난제에 대한 논의를 활성화해야 한다. 그것은 '선정'(Good Governance)이 지향하는 목표와 가치, 즉, 민주성, 투명성, 개방성, 합리성, 책임성 등을 제고하는 방향의 개편을 의미한다. 이러한 노력에서 특히 국가행위자 및 지도자들의 새로운 책임과 발상에 기초한 이니셔티브가 중요하다. 가령 정치지도자만으로는 부족하며, 특히 세계의 지식, 과학, 기업, 종교, 시민사회 등 각계의 지도자를 아우르는 전인류적 협력을 유도해 내야 한다. 이런 발상에서 현재의 글로벌 거버넌스의 주체로서 유엔 등의 리더십의 역할과 더불어 세계은행, 국제통화기금 (IMF) 등 경제기구, 그리고 경제협력개발기구 (OECD), 유럽연합 (EU) 등 선도적인 국제기구의 역할 재고를 위한 모색이 요구된다.

세계패권의 위상과 이를 바탕으로 세계의 리더 역할을 여전히 자임하는 미국은 '자유주의 국제질서'의 리더십 회복, 다자주의 복귀 등으로 새로운 국제협력 활성화의 선두주자가 돼야한다. 세계의 다른 주요 강대국들도 보다 민주적이고 관용적인 세계를 위한 리더의 역할을 강화하고, 동시에 개도국들은 발전을 위한 자구적인 개혁과 투명성과 책임성을 강화하는 전향적인 노력이 필요하다. 중견국들은 다자외교의 최적 국가 혹은 수혜자로서 다자주의의 가치와 역할을 강화하는 교량자 (Bridge-builder) 역할을 통하여 보다 공정하고 정의로운 국제관계에서 '윈-윈' ('win-win')하는 노력을 강화해야 할 것이다.

현재로서 지난 1945년 이래 견고히 발전해온 자유주의적 국제질서는 그 자체의 제약과 모순에도 불구하고 대다수 국가들과 세계시민들이 참여, 지지하는 국제관계의 틀과 양식으로서 자리 잡았다. 그것은 자유주의적 다자주의가 아직까지 개인의 인권 및 자유, 다양성, 법의 지배, 복지 및 정의를 핵심으로 하는 인류의 보편적인 가치는 물론, 개방적, 민주적 제도 및 양식, 작동 및 전개 방법으로서 적절하게 인식, 수용되기 때문이다. 중국의 부상과 권위주의 정체, 그리고 중국식 다자주의의 강화는 기존 자유주의 국제질서에 대한 도전이지만, 다른 한편 '건전한' 경쟁관계로서 새로운 국제질서 형성의 자극제가 될 수도 있다. 코로나 사태가 야기한 취약분야인 보건의료 위기 문제도 결국 주요국 간의 포용적, 협력적 다자주의로의 발전을 통하여 보다 효과적으로 해결될 수 있다. 나아가서, 인류의 존망을 위협하는 기후변화 등 환경문제 그리고 절대빈곤과 개발격차로 인한 불평등과 차별의 난제도 결국은 다자협력을 통해서만 제대로 다루어질 수 있다. 코로나 사태의 보건의료 위기가 가져온 위기의 경험과 반성 및 교훈, 그리고 경쟁의 관계는 결과적으로 '시너지' 효과로서 전지구적 다자 협력을 촉진하게 될 것인 점에서, 다자주의의 미래는 계속 밝을 전망이다.

* * * * * *

참고문헌

<국문>

강선주, "코로나 19 팬데믹과 글로벌 협력: 감염병의 정치화와 글로벌 협력의 쇠퇴" 「IFANS 주요국제문제 분석」 (2020-21)

국립외교원 외교안보연구소, 『코로나 19 이후 국제정세』 (국립외교원, 2020)

김상배, "코로나 19와 신흥안보의 복합지정학: 팬데믹의 창발과 세계정치의 변환" 「한국정치학 회보」 (한국정치학회) 제54집 4호 (2020 가을) pp.53-81

김한권, "COVID-19 발생 이후 중국 외교정책의 현안과 미중관계의 함의" 「IFANS 주요국제 문제 분석」 (2020-24)

박흥순 외 공저, 『국제기구와 한국외교: 이론과 실제』 (오름, 2015)

박흥순, 『국제기구론: 유엔, 다자외교, 한국 』(선문대출판사, 2015)

안병준, "국제질서의 변천과 미.중 패권경쟁," 「외교」(외교협회), 제135호 (2020.10) pp.11-32

오영주, "코로나19 이후 국제협력의 방향과 한국외교," 「외교」(외교협회), 제134호 (2020.07) pp.58-71

전봉근, "코로나19 팬데믹의 국제정치와 한국외교" 「IFANS 주요국제문제 분석」 (2020-08)

<영문>

Foot, Rosemary, et al, eds., *US Hegemony and International Organizations* (Oxford Univ. Press, 2003)

Fung, Courtney J., "Providing for Global Security: Implications of China's Combat Troop Deployment to UN Peacekeeping" *Global Governance* Vo.25, No.4 (Oct. 2019) pp.509-534

Karns, Margaret P., et. al, *International Organizations; The Politics & Processes of Global Governance*, 3rd ed. (Rynne Rienner, Boulder, CO, 2016)

Lyon, Alynna J., *US Politics and United Nations: A Tale of Dysfunctional Dynamics* (Rynne Rienner, Boulder, CO, 2015)

Malone, David M. & Yuen F. Khong, eds., *Unilateralism & US Foreign Policy: International Perspectives* (Rynne Rienner, Boulder, CO, 2003)

Muldoon, Jr., James P., et al., *Multilateral Diplomacy and the United Nations*

Today, 2nd ed. (Westview, Cambridge, MA, 2005)

Patrick, Stewart & Shepard Forman, eds, *Multilateralism & US Foreign Policy: Ambivalent Engagement* (Rynne Rienner, Boulder, CO, 2002)

Ruggie, John G. ed., *Mulitilateralism Matters: The Theory and Praxis of an Institutional Form* (Columbia Univ. Press, New York, NY, 1993)

Weiss, Thomas G., et al, "The United States, the UN, and New Nationalisms" *Global Governance* Vo.25, No.4 (Oct. 2019) pp.499-507

팬데믹 시대 인간안보 국제협력:
'자유주의 국제질서'(LIO) 복원을 위한 소고(小考)

이신화

I. 들어가는 말
II. 기로에 선 자유주의 국제질서
III. 자유주의 국제질서 복원을 위한 구상: 인간안보 국제협력
IV. 한국의 '인간안보 국제협력' 선도를 위한 제언

팬데믹 시대 인간안보 국제협력:
'자유주의 국제질서'(LIO) 복원을 위한 소고(小考)

I. 들어가는 말

빅데이터, 인공지능 등 4차 산업혁명의 뉴노말 세상에 대한 논의가 국제사회를 떠들썩하게 하던 차에 불현듯 엄습한 바이러스가 지구촌 전체를 뒤흔들고 있다. 과학기술과 의술이 급진전한 21세기를 살아가는 인류가 지금 바이러스에 대응하기 위해 할 수 있는 것은 마스크 잘 쓰기, 손 자주 씻기, 사회적 거리두기, 그리고 믿을만한 백신접종 기다리기 뿐이다. 2019년 12월 중국 우한에서 퍼지기 시작한 신종 코로나바이러스 감염증(코로나19)의 창궐은 전 세계, 모든 사람에게 커다란 도전이 되고 있지만, 공중보건이 열악하고 위기에 대한 회복탄력성(resilience)이 적은 저개발국과 취약계층에게 더욱 가혹하다. 세계 총인구의 1/3인 22억 명은 마스크 착용과 손 씻기기는커녕 식수조차 부족한 일상을 살아가고 있다. 2019년 말 기준 유엔난민기구(UNHCR) 추산 7천 9백 50만 명의 강제이주자(forced displaced people) 중 2/3 이상이 외부적으로는 고립되고 내부적으로는 밀집된 난민촌이나 그와 유사한 곳에서 물리적 거리두기는 불가능한 채 고군분투 중이다.

그러나 코로나19의 급속한 확산은 전 세계적으로 자국 중심의 '정글의 세계'를 불러왔다. 바이러스 발원지와 발병지를 둘러싼 G2(미국과 중국) 간 기싸움과 상호불신이 가열되면서 미증유의 팬데믹 사태에서 지구촌은 어떤 강대국도 국제문제에 책임을 지려 하지 않는 G-제로(G-zero) 시대에 처하게 되었다. 세계보건기구(WHO)가 코로나19 발발 초기 팬데믹 '뒷북 선언'과 노골적인 '중국 편들기' 대응으로 국제적 비난을 받으며 그 위상이 추락하였다. 그 이유로 2017년 중국의 정치적 지지로 에티오피아 보건부 장관 출신 테드로스 아드하놈 게브레예수스(Tedros Adhanom Ghebreyesus)가 사무총장으로 당선되었고, 중국이 유엔 내 여러 산하 기구처럼 예산 증액을 못 해 고전하던 WHO에 매년 1조 원씩 10년간 WHO에 기부하겠다고 밝혔는데, 테드로스 사무총장으로서는 중국의 국익에 부합하지 않는 결정을 내리는 게 쉽지 않았다. 상대적으로 회복 역량이 큰 서구 선진국들도 철저한 자국 위주 '코로나 고립주의'에 매몰되어 팬데믹의 세계적인 인도적 파장은 안중에도 없는 듯한 입장을 견지함에 따라 '재난 불평등' 현상은 더욱 심각해지고 있다.

이러한 자국 이기주의 현상은 코로나19 이전부터 보호무역주의, 민족주의와 포퓰리즘 확산 등으로 국제사회에 팽배해 있었다. 특히 '미국 우선주의'와 고립주의를 내세우며 자유무역이나 동맹 중심의 다자주의적 협력을 경시한 트럼프 대통령의 대외정책으로 미국 주도의 자유주의 국제질서(liberal international order: LIO)의 쇠락 징후가 뚜렷해졌다. 감염병뿐 아니라 기후변화와 난민 위기와 같은 초국가적 문제가 속출하는데, 그에 대한 대응은 많은 경우 국제사회가 아니라 개별국가 수준에서 이루어지는 일이 만연하였다. 결국 코로나 발발은 자국 중심적이고 탈세계화적인 추세를 강화시킨 것뿐이라는 주장이 많다.

그러나 이미 세계화가 심화하여 산업구조가 국가별로 분업화하고 국가 간 경제가 긴밀하게 얽혀졌고, 기술발달로 지구촌이 하나의 생활권처럼 광범위하게 연결되어있는 상황에서 한 나라가 국가장벽을 높이 쌓는 것은 자국의 산업과 경제에 자해행위일 수밖에 없다. 더욱이 코로나19는 지구촌 저 너머 누군가가 전염병 바이러스에 감염되면 인류 전체가 감염 위험에서 벗어날 수 없다는 점에서 인간안보(human security)의 중요성이 드러나는 계기가 되었다. 1994년 유엔개발계획(UNDP)에 의해 세계적 화두로 등장한 인간안보는 종래의 군사적 차원을 넘어 인간 삶의 포괄적인 질을 기준으로 안보를 규정해야 한다고 강조한다. 전 세계가 코로나 광풍에 휩싸이면서 국민의 건강과 안전을 담보해야 하는 국가의 보호책무가 강조되자 안보의 최대 수혜자는 인간 개개인이어야 한다는 인간안보의 당위성이 커진 것이다.

이러한 인간안보는 다른 비전통안보(nontraditional security) 이슈와 마찬가지로 국제관계에 있어 모든 행위자의 총력적인 협력을 전제로 한다. 세계화의 심화가 소수의 주도적 세력과 그렇지 못한 다수들 사이의 심각한 격차와 상대적 박탈감으로 인한 불안정과 분열을 가져왔다면, 바이러스와의 전쟁에서는 국경이나 국적이나 인종 구별없이 모든 국가, 모든 사람이 긴밀한 상호연관성과 상호취약성으로 묶인 하나의 운명공동체일 수밖에 없기 때문이다. 따라서 지구적 문제가 유발하는 생존 위협에 대하여 통합적인 접근방식이 있어야 하는 팬데믹 위기는 국제사회가 공감(empathy)과 연대(solidarity) 의식을 구축할 모멘텀이기도 하다.

이러한 시점에서 '팬데믹과의 전쟁'에 총력을 다하고 동맹과 다자주의 복원을 통해 미국의 글로벌 리더십을 회복하겠다고 다짐한 바이든(Joe Biden)의 대선 승리로 미국 외교의 '정상화'에 대한 국제사회의 기대감이 높아졌다. 사실 바이든 팀의 외교정책 슬로건인 '더 나은 재건'(Build Back Better)은 트럼프의 '미국을 다시 위대하게'(Make America Great Again)라는 목표와 크게 다르지 않다. 차이는 미국을 강하게 하되 자국 이익만 고집하지 않고 다자주의적 규범과 접근을 중히 여기겠다는 방법에 있다. 하지만 미국이 LIO를 복원하고 주도하기는 쉽지 않아 보인다. 미국이 유엔과 국제통화기금

(IMF), 세계무역기구(WTO), 북대서양조약기구(NATO) 등의 국제기구가 당면한 문제 해결에 적극적으로 앞장서 해결의 물꼬를 트고 리더십을 회복하기 위해서는 글로벌 공공재를 제공할만한 재정적 부담을 기꺼이 짊어져야 하기 때문이다. 그러나 미국의 패권적 지위가 예전과 같지 않고, 많은 미국인은 정부가 대외문제보다는 국내문제에 집중할 것을 요구하고 있다.

이제 바이든 행정부는 대외적으로는 중국과의 관계를 안정적으로 관리하고, 국내적으로는 코로나19 극복, 경제회복, 인종적 형평성과 사회적 화합이라는 막중한 과제를 떠안고 출범하게 되었다. 국제문제에 있어 이념과 가치를 공유하는 서구 유럽국가들과 인권과 민주주의를 기치로 동맹과 다자네트워크를 공고히 할 것으로 예상되는 바, 이는 결국 미국의 국가 이익에 부합하지 않는 '비자유 민주주의'(illiberal democracy) 국가들을 견제 혹은 압박하려는 포석일 것이다. 한미관계도 미국의 동맹 네트워크 복원 차원에서 다뤄질 개연성이 크다. 이 경우 안보와 경제 및 한반도 평화체제와 관련하여 미·중에 의존도가 높은 한국의 고민은 더욱 깊어질 수밖에 없다. '국제사회의 이단아'로 알려진 트럼프와 달리 '외교 9단'으로 알려진 바이든이 국제규범과 LIO를 강조하며 반중 노선 참여를 촉구할 경우, 한국으로서는 빠져나갈 명분이 적어질 것이다.

따라서 한국은 국가정체성을 대변할 수 있는 기본 원칙을 분명하게 설정하고, 어떤 상황이 발생했을 때 국제법과 규범을 토대로 이를 일관성 있게 주장하는 외교력을 발휘해야 한다. 예를 들어 유동성과 불확실성이 큰 미중 전략경쟁 속 인간안보를 위한 국가 간 협력의 필요성이 증대하고 있음에 직시하고, 한국이 주도적으로 할 수 있는 정책을 개발하고 적극적으로 추진해나가는 것이 유용한 전략이다.

II. 기로에 선 자유주의 국제질서

오늘날 LIO는 제2차 세계대전 이후 실질적인 세계 최강자로 등극한 미국 주도로 70여 년간 지속되어왔다. 1944년 브레턴우즈 협정(미국 달러화를 기축통화로 하는 금 태환제도의 실시)과 1947년 자유무역 시대를 가져온 GATT(관세 및 무역에 관한 일반협정, WTO 전신) 체결로 미국의 경제패권 지위가 구축되었다. 또한 1947년 트루먼(Harry S. Truman) 대통령은 소련에 맞서는 국가들에 경제적, 군사적 지원을 약속하며 전후 유럽재건계획(European Recovery Program: ERP)인 마셜플랜(Marshall Plan)을 시행하고, NATO를 창설하였다. 이렇듯 미국은 자유민주주의와 시장경제를 양대 기치로 삼고 자국 시장을 개방하고 이를 보호하기 위해 우월한 국력을 내세워 세계의 경찰을 자임해왔다.

글로벌 공공재(public goods)를 제공하고 자국이 세운 국제제도의 권위를 강화시킨 미국은 소련의 붕괴와 더불어 냉전 종식을 맞으며 패권적 리더십을 공고히 하였다. 미국 주도의 LIO는 공산주의의 도전을 극복하고 최종적, 영구적 승리를 거둔 것처럼 보였다. '아버지 부시'(George H. Bush) 대통령의 '새로운 세계질서의 도래' 선언이나 미국 스탠퍼드대 교수인 후쿠야마(Fransis Fukuyama)의 '역사의 종언'은 이념, 규범, 제도에 있어 LIO의 지배를 뒷받침하였다. 그러나 영국 출신 외교관이자 스파이소설 작가인 존 르 카레(John le Carré)가 말한 대로 냉전 종식은 몰락할 수밖에 없던 강대국(소련)이 패배한 것이긴 하지만, 잘못된 강대국(미국)이 이긴 것("The right side lost, but the wrong side won")이었을까?

냉전 붕괴는 미국의 압도적인 패권을 바탕으로 한 신자유주의적 세계화 패러다임 대신 새롭게 구성된 국제질서로 이어졌어야 했다는 주장들이 설득력을 얻는 상황들은 지난 30년 동안 여기저기서 쉽게 찾아볼 수 있었다. 우선, 급속한 세계화와 과학기술의 발달은 국경없는 무한경쟁 세계에 적극적으로 대처할 수 있는 역량과 자본을 갖춘 소수의 국가나 세력들과 그렇지 못한 대다수들 간 '불평등의 덫'을 점점 심화시켰다. 1999년 독일 쾰른에서 서방 선진 8개국(G8) 정상회담 반대를 위한 3만여 명의 '인간사슬' 시위나 '시애틀 전투'라 불리는 4만여 명의 세계무역기구(WTO) 총회 반대 시위를 필두로 들불처럼 번져나간 반세계화 운동은 반미, 반서방, 반자본 사회혁명을 주창한 1970년대 제3세계 혁명적 성향을 짙게 띠었다. 결국 20세기 들어 신자유주의적 세계화는 금융위기와 환경문제의 주범으로도 비난을 받게 되었다.

또한, 미국 주도의 LIO는 포퓰리즘과 권위주의적 정부들의 득세, 민족주의적 성향의 전 세계적 확산, 그리고 이에 맞서야 하는 미국의 리더십과 역량의 상대적 쇠락이 맞물려 도전받게 되었다. 이러한 상황은 미국의 '이중적인' 대외전략과 무관하지 않다. 한편으로는 탈냉전기 이념적, 도덕적 우월감 속에 막강한 국력을 토대로 자국의 법치와 자유주의 정치원칙을 다른 국가들에 주입하려는 외교정책으로 비난을 사면서, 다른 한편으로는 미소 이념경쟁의 종식으로 전략적 이해가 없어진 주변부 국가들은 방치하였다. 그 결과 이들 국가는 내전과 테러의 진원지로 전락하였고, 미국은 9/11 테러라는 부메랑을 맞았다. 이후 테러 종식을 위한 미국의 선택은 물리력을 통해 '불량국가들'에 민주정부를 수립하는 것이었는데, 그 과정에서 각 국가나 지역이 지닌 인종적, 종교적, 사회적 다양성을 간과함으로써 반미 감정만 악화시켰다. 더욱이 미국이 테러와의 전쟁에 올인하는 동안 비(非)자유주의 국가인 중국은 국제무대에서 영향력을 확대할 수 있었다.

중국의 부상은 '팍스 아메리카나'의 중요한 변곡점이 되고 있다. 미국 프린스턴대 교수였던 길핀(Robert Gilpin)은 패권국이 반드시 쇠퇴한다고 봤는데, 이는 패권유지를 위해 자국의 경제력이 감내

할 수 있는 이상으로 공공재를 과도하게 제공하는 반면 다른 강대국(들)은 그 혜택을 통해 경제성장에 집중하면서 잠재적 패권도전국으로 부상하기 때문이다. 이때 쇠락하는 패권국은 자신의 지위를 유지하기 위해 공공재 제공을 축소하고 그 부담을 다른 국가들에 지우고 보호무역적 특성을 띠게 된다. 미국의 적극적인 지원 아래 2001년 WTO에 가입함으로써 자유무역체제에 편입한 중국은 급성장한 경제력을 앞세워 군사적, 정치적 역량까지 확대하면서 미국 패권에 도전하게 되었다.

2017년 아태경제협력체(APEC) 정상회의에서 트럼프 대통령은 WTO 체제가 미국에 불리하다며 자유무역 대신 공정무역을 촉구한 반면, 중국의 시진핑 주석은 세계화와 자유무역을 옹호하는 상황이 벌어졌다. 이는 트럼프 행정부가 다자주의 국제질서에서 이탈하면서 중국은 그 빈틈을 파고드는 전략을 구사한 것이다. 주목할 것은 중국이 미국 주도의 LIO에서 주인행세를 하려는 것이라기보다는 '100년의 굴욕 시대'를 청산하고 자국 중심의 세계관을 담은 새로운 국제질서를 만들고자 한다는 점이다. 트럼프 대통령의 '미국 우선주의'는 동맹국과 우방국을 포함한 여러 나라의 비난을 받았으나, 디커플링(decoupling, 탈동조화)을 통해 경제와 기술을 포함한 중국과의 모든 관계를 끊음으로써 패권 도전의 가능성을 뿌리를 뽑으려는 전략이라는 점에서, 많은 미국인의 지지를 받아 왔다. 2020년 미국 대선 초박빙 결과가 말해주듯이, 트럼프는 패했어도 미국 우선주의에 열광하는 '트럼피즘'(Trumpism)의 건재함은 지속될 것으로 보인다. 이러한 현상은 선진국 내에서의 불평등 심화와 배타적 민족주의 및 반이민·반난민을 내세운 우파 포퓰리즘의 득세, 그리고 브렉시트(BREXIT, 영국의 유럽연합 탈퇴) 등 LIO의 또 하나의 주요한 온상인 서구 유럽에서도 뚜렷하게 나타나고 있는 현상이다.

이러한 가운데 국제사회는 글로벌 리더십 부재로 '킨들버거 함정'에 빠졌다는 우려의 목소리가 높아졌다. 미국 MIT 교수였던 킨들버거(Charles Kindleberger)는 영국에 이어 신흥 글로벌 리더로 등극한 미국이 글로벌 공공재를 제공하는 역할에 실패하여 1930년대 대공항이 생겼고 결국 대학살과 세계대전이 재발하였다고 주장한 바 있다. 트럼프 집권 기간 동맹관계에 금전적 거래를 끌어들이는 등 미국은 고립을 자초하고 G2 무역분쟁도 가중되는 상황이 나타났다.

2020년 12월 화상으로 진행된 중국과 러시아 총리 간 정례회담에서 양국은 유엔을 중심으로 하는 다자주의 국제질서 및 자유무역을 수호하자는데 의견을 모았다. 또한, 이들 국가는 코로나19 위기 속에 세계보건기구(WHO) 지원 필요성과 백신의 효율적 배포 등을 강조하며 개방과 포괄주의를 추구하는 포스트 코로나 시대 국제질서를 강조하였다. 이는 동맹과 다자주의 복원을 강조한 바이든 행정부가 들어서면 자신들의 다자주의가 영향력을 잃을 수 있다는 점에서 사전적으로 견제조치를 취한 것이라 할 수 있다. 이들 비자유주의 국가가 주창하는 다자주의가 향후 국제문제에서 어떤 형태를 띠게 될 것인지는 미지수이나 민주주의 가치를 중심으로 한 미국 다자주의와의 공존은 힘들 것이다. 적어도 당분간 중국은 11월 최종 타결 및 서명이 이루어진 중국 중심의 RCEP(역내 포괄적 경제동반자협정) 질서를 다지기 위해 경제적 이익을 바탕으로 한 다자질서에 집중할 것으로 보이지만, 바이든 행정부는 민주주의 가치를 토대로 한 다자협력의 그룹화 과정에서 중국을 배제하려 노력할 것으로 보인다.

물론 냉전기 미소 이념분쟁 때와는 달리 적대적이면서도 상호의존적인 경제관계인 '치메리카(Chimerica)'를 이룰 것이라는 시각도 있었으나, 트럼프 대통령이 집권하면서 미중 무역갈등은 기술 및 이념 갈등으로 번졌고 코로나19 책임공방까지 가세하면서 양국 간 무력충돌이나 신냉전시대를 우려하는 목소리가 높아졌다. 바이든 행정부는 LIO 복원 과정에서 중국을 어떻게 대하고 국제사회에서 위치시켜야 할 것인가에 대한 복잡한 셈법을 풀어야 할 것이다. 바이든은 많은 국내외 정책에서 ABT(Anything but Trump, 트럼프가 하던 것만 빼곤 뭐든지)란 정책을 구사할지라도 중국 문제에서만큼은 트럼프 행정부의 입장과 대체로 일치할 것으로 보인다. 바이든 역시 화웨이 관련 지식재산권 탈취와 사이버 침투 문제를 안보 위협으로 간주하고 있으며, 홍콩 민주화 문제를 포함하여 인권과 민주주의 문제에 대해서는 훨씬 더 원칙적이고 강경한 견해를 보이기 때문이다. 따라서 미·중 관계는 상호전략적 불신 속에서 경쟁과 갈등, 그리고 협상과 타협을 반복해가며 '진흙밭 헤쳐나가기'(muddling through)식으로 국제질서를 재편해 갈 확률이 높다. 그 과정에서 혹여 팍스 아메리카의 쇠퇴로 '팍스 시니카'라는 중국 중심의 질서가 부상한다면, 몰락해야 마땅한 강대국(미국)이 패배하는 것이지만, 잘못된 강대국(중국)이 부흥하는 역사의 아이러니가 재현되는 것은 아닐까?

요약하면, LIO의 내재적 한계와 미국 사회 내 트럼피즘의 강력한 영향력 등은 미국의 글로벌 리더십에 대한 동맹국과 우방국들의 신뢰회복에 여전히 걸림돌이다. 트럼프와 같은 괴팍한 정치지도자가 2024년, 2028년에 집권할지도 모를 일이기 때문이다. 하지만, LIO 대신 어떠한 규범과 가치를 바탕으로 한 새로운 국제질서가 구축될 수 있는지와 그 과정에서의 중국의 리더십 역할에 대한 국제사회의 우려와 거부감은 더 크다. 중국은 지난 30년간 LIO의 유용성을 십분 활용하여 급속한 경제성장을 이루었으면서도, 국가안정을 위해 개인의 자유와 인권은 뒷전으로 하고 민주주의에도 눈을 감았다. 이러한 중국식 국가자본주의 체제가 국제적 정당성을 확보하기는 힘들 뿐 아니라, 타국의 정당한 정책 행위에도 중국 이익이 침해되었다고 판단하면 국제규범을 무시하면서까지 경제보복 조치를 감행하는 중국의 행태(예: 노르웨이에 대한 '노벨상 보복', 한국에 대한 '사드 보복')는 국제사회의 인정과 지지를 받을 수 없다.

III. 자유주의 국제질서 복원을 위한 구상: 인간안보 국제협력

1. 인간안보 개념과 실천적 한계

인간안보 개념은 1994년 유엔개발계획(UNDP)의 『인간개발보고서』(*Human Development Report*)에서 탈냉전기 변화하는 안보환경에 대응하기 위한 개념으로서 처음 제시되었으며, 이후 안보 담론이 크게 확장되는 계기가 되었다. UNDP에 따르면, 인간안보란 일상생활의 안보를 모색하는 평범한 개개인의 정당한 안보이다. 그 개념은 크게 "공포로부터의 자유"(freedom from fear)와 "궁핍으로부터의 자유"(freedom from want)로 나뉜다. 전자의 경우는 국가를 개인 안위의 위협요인으로 간주하는 인권론의 측면에서 인간안보를 조명하고, 후자는 국가를 인간안보를 증진하는데 필요한 행위자로 간주하는 개발론 측면에서 본다. 즉 인간안보는 단순히 군사적, 정치적 안보만으로는 국민 개개인이나 특정 그룹의 삶과 안전을 보장할 수 없다는 인식이 확산하면서 안보의 최대 수혜자는 인간 개인이어야 하고 국가 주권보다 국가를 구성하는 '개인의 주권(individual sovereignty)'을 우선시해야 한다는 신념과 당위성에 기반하여 발전한 개념이다. 영국 LSE 명예교수인 부잔(Barry Buzan)도 안보에 대한 논쟁은 위협으로부터의 자유에 관한 것이라 하였다. 따라서 평상시에는 문제시되지 않던 이슈가 안보위협으로 인식되고 규정되면서 '안보화'(securitization)하는 경우, 통상적인 사회 규칙이나 법에 반(反)하는 조치가 취해져 개인 및 그룹의 안전과 생계 및 자유가 훼손될 수 있다는 문제의식을 가질 필요가 있다.

이러한 인간안보 구상과 의의는 국제사회의 많은 공감을 얻었다. 유엔은 2001년 1월 인간안보위원회(Commission on Human

Security)를 설립하였고, 2003년 동 위원회 최초의 보고서 *Human Security Now*가 발간되었다. 이후 2012년 유엔총회 결의안을 통해 인간안보 보장을 위한 유엔의 역할을 확고히 하게 된다. 그러나 누가, 어떻게 개념을 정의하고 그 특성과 접근방식을 규정할 것인가, 그리고 구체적인 실현방안은 무엇인가를 둘러싸고 많은 논란과 주장이 있었다. 더욱이 UNDP가 제시한 인간안보의 범주는 경제, 식량, 보건, 환경, 개인, 공동체, 정치 등 7개 영역을 아우르고, 이후 사이버 안보까지 추가되어 매우 광범위하다. 이 모든 영역을 안보화할 경우 '진짜 안보'는 무엇이며 어떻게 정책화하느냐는 비판이 지속되어 왔다.

실제로도 규범과 정책(실천) 사이의 디커플링 현상이 두드러져 실질적인 성과를 거둔 경우가 흔치 않다. 한 국가의 안보정책은 어떤 이슈를 위협으로 상정할 것인가에서 시작되는데, 개인의 안전(safety) 문제가 어떠한 질적, 양적 임계점을 거쳐 안보문제가 되는지를 규명하는 것은 매우 어렵다. 더욱이 '국민을 위해서' 이루어지는 정책 결정들은 많은 경우 위정자들의 정치적 목적이나 권력 유지를 위한 '정권안보'에 집착한 산물이고, 그 피해는 고스란히 국민이 치러야 하는 몫인 경우가 허다하기 때문이다.

인간안보의 선봉장 역할을 자임하며 주요 대외정책의제로 삼았던 캐나다와 일본의 경우도 현실적 한계에 부딪히긴 마찬가지였다. 주로 전쟁이나 폭력으로부터 개인과 그룹을 보호해야 한다는 '공포로부터의 자유'에 역점을 둔 캐나다가 성공적인 인간안보의 주창자가 될 수 있었던 것은 인권과 평화유지활동(PKO)에 대한 오랜 국가적 헌신이 국제사회의 인정을 받았기 때문이었다. 국제적으로 인간안보의 기획자라는 평판을 받던 캐나다는 2006년 현실주의적 시각의 정치를 강조하는 보수당 하퍼(Stephen Harper)가 집권하면서 국가이익의 관점에서 인간안보 규범과 정책이 유용하지 않다고 판단하여 뒷전으로 밀어버렸다.

2015년 말 자유적이고 인도주의적인 정책을 내세운 트뤼도(Justin Trudeau)가 집권하면서 적극적인 난민과 이민자 수용 및 PKO 활동, 공적개발원조(ODA) 확대를 약속하는 등 '인정 많은 캐나다의 귀환(Canada is Back)'을 표방하였다. 하지만, 인력부족과 재정 상황 등 캐나다의 제한된 자원으로 인해 외교정책의 선택성이 강조됨에 따라 '인간안보를 중심으로 국제협력을 선도하겠다'라는 그의 열망과 정부의 방향성은 선언적 의미 이상을 넘어서지 못하였다. 결국 5년이 지난 지금 트뤼도 총리는 테러와의 전쟁에 대한 보다 평화적 접근 및 기후변화 해결과 자유무역 촉진에 대한 캐나다의 역할을 강조했으나, 인간안보에 대해서는 보수당과 별 차이 없이 실질적인 변화를 만들어내지 못하였다는 비판을 받고 있다.

 한편, 일본은 취약층의 빈곤과 기아문제 및 개발 이슈를 강조하는 '궁핍으로부터의 자유' 측면의 인간안보에 초점을 맞추고, 주로 ODA 영역에서 리더십을 발휘하는 데 집중해왔다. 일본 정부에 인간안보 정책은 패전 이후 전범국 이미지를 지우기 위해 평화헌법을 이행하고 경제성장을 하면서도 인권과 자유를 주창하는 국가정체성을 구축함으로써 보통국가(normal state)로서 국제사회에서 승인받을 수 있는 매력적인 외교옵션이었다. 하지만 일본도 인간안보가 특정 목표달성을 위한 외교정책 도구로 사용된다는 비판을 종종 받는다.

 특히 2000년대 들어 일본 국내의 인간안보 담론은 북한에 의한 납치피해자 문제를 계기로 보수우파 정치세력에 의해 자국민의 안전에 집중하게 되면서, 자연스럽게 인간안보 역시 일본 국내에서 '보수화'되기 시작하였다. 아베 신조 수상에 의해 일본 외교정책의 핵심 가치로 자리 잡은 가치외교는 표면적으로 인간안보를 포괄하지만, 그 이면에는 중국과 북한과 같이 일본의 가치에 반하는 국가들을 적대시하겠다는 정치적 메시지를 담고 있었다. 또한 안보리 진출을 목표로 국익 차원에서 적극적으로 추진된 인간안보 이니셔티브들이 그 목표가 무산된 직후 정책적 모멘텀을 급격히 잃고, 2007~2015년까지 인간안보 추구 노력이 소강상태를 보였다. 2018년 이후 일본은 '인간 중심의 개발'이라는 의미로 유엔 지속가능발전목표(SDG)에 부합하여 인간안보를 재조명하고, 2019년 유엔본부에서 '인간안보 25주년 포럼'을 공동개최함으로써 자국이 아직 인간안보의 주도국가임을 발신하는 행보를 보였다. 2020년 9월 유엔 총회에서 스가 요시히데 총리는 코로나19를 인간안보에 대한 위협이라고 하며 치료약과 백신에 대한 전 세계인의 공평한 접근을 강조했으나, 자국 내 확진자 급증과 경제침체의 심각성을 감안할 때 일본 정부가 얼마나 적극적으로 인도적 지원을 주도할 수 있을지는 미지수이다.

요약하면, 캐나다와 일본 모두 인간안보 외교를 통해 한편으로는 선량한 글로벌 기여자가 되고, 다른 한편으로는 이를 통해 국가의 소프트파워를 증진하고 국제영향력을 확대하려는 목표가 뚜렷하였다. 양국은 인간안보 정책을 추진하는 데 있어 강력한 리더십과 국제사회에 대한 헌신적 열정을 가진 정치지도자(캐나다 외무장관 로이드 액스워시와 일본 오부치 게이조 수상)의 역할, 중견국으로서의 정치적 역량, 정치적 이득에 대한 기대 등의 유사점을 갖고 있었다. 하지만 인간안보는 그 개념의 모호성과 정책적 이행의 어려움, 주권이나 국가 이익과의 조화문제, 비용을 누가 내며 성공적인 담론 주도는 어떻게 하느냐와 같은 제반 문제들에 부딪혀 국제사회에서 부침 현상을 겪어 왔다.

2. 팬데믹 시대 인간안보의 '부활'과 다자주의적 접근의 명암

인간안보 중요성의 재조명

코로나19 사태는 전쟁처럼 물리적 폭력행사에 의해서가 아니라 눈에 보이지 않는 바이러스에 의해 국민이 피해의 직접적인 주체가 된다. 국가 중심의 전통안보로만은 대처할 수 없는 전례없는 위기상황에 직면한 국가들은 인간 자체에 주목하는 인간안보를 통한 대안적 접근에 주목하게 되었다.

첫째, 바이러스 확산은 무엇보다도 보건안보적 측면에서 인간안보를 '재소환'하였다. 백신과 치료제가 존재하지 않는 새로운 질병에 걸린 사람들은 일상에서 격리되어 치료받거나 심한 경우 목숨을 잃었다. 이는 단순히 소수의 국민이 겪은 것이 아니라, 높은 전염력으로 인해 다수의 국민이 확진되고 사망에 이르면서 국가 차원의 문제가 되었다. 2021년 1월 8일 기준 전세계 사망자 수가 190만 명에 육박하고 있어매일 평균 1만 명 이상이 숨진 셈이다.

전문가들은 세계화와 도시화 및 기후변화를 코로나19 발발의 대표적 원인이라 꼽는다. 고대 로마제국 시절 안토니우스 역병(165~180년)이나 유스티니아누스 역병(541~750년)은 해상무역로나 해외 원정 전쟁에서 돌아온 병사들에 의해 퍼졌다. 중세들어 도시가 발전하고 교역이 활발해지면서 전염병의 파괴력은 더욱 커져 14세기 흑사병의 창궐을 초래했고, 1차 세계대전 참전병들이 자국으로 돌아가면서 1918년 스페인 독감은 전세계로 확산하였다. 인구가 밀집되어 숙주가 많아지고, 인간 문명이 발달하여 교류가 많아질수록 바이러스에게는 호재가 되고 인류에게는 점점 더 심각한 재앙이다.

또한 기후변화와 환경파괴가 전염병과 연관이 있다는 전문가적 경고도 많다. 중세 흑사병과 스페인 독감은 발발하기 전 몇 년 동안 냉해와 같은 기상이변으로 인간의 면역력이 약화하고 세균에 항생제 내성을 옮기는 신종 바이러스가 출현하였다는 공통점이 있다. 최재천 이화여대 석좌교수에 따르면, 21세기 들어 인류를 위협한 대표적 바이러스인 사스(SARS), 메르스(MERS), 코로나19 모두 박쥐가 주범인 이유는 다른 야생동물보다 박쥐가 더 불결해서가 아니라

지구온난화에 따라 열대에서 온대로 서식처를 넓혀가면서 인간과의 접촉이 늘었기 때문이다. 또한 1960년대 이후 전 세계 인구가 2배 이상 크게 늘면서 도시화와 삼림파괴가 급증하면서 그 과정에서 야생동물의 서식처가 파괴되면서 이들과의 물리적 거리가 줄어들면서 인수공통전염병 위험이 커진 것이라는 연구결과도 설득력을 얻고 있다. 21세기를 '전염병의 시대'라고 한 WHO는 암울한 진단, 그리고 2004년 『대유행병』(The Great Influenza』이란 책을 통해 팬데믹 발생은 시간문제일 뿐 피할 수 없으며 지구촌의 초연결성 때문에 1918년에 비해 걷잡을 수 없는 재앙이 될 것이라고 한 미국 역사가 배리(John Barry)의 섬뜩한 예측이 새삼 주목받는 이유이기도 하다.

더욱 섬뜩한 것은 코로나19가 끝이 아니고 점점 사이클이 짧아질 신종 감염병 출현의 시작일 수 있다는 것이다. 앞으로 전염병의 주기는 더 빨라지고 그 확산과 피해 규모는 더 커질 수 있다. 또 다른 팬데믹이 언제 어디서 어떤 식으로 닥쳐올지 모르는 채 그때마다 번번이 인류는 패닉에 빠질 것인가? 철저한 개별위생과 국가방역에 더하여, 국제적 공조외교를 통해 글로벌 위험요인에 효과적으로 대처할 방안과 역량을 총체적으로 모색하고 국제위기 극복의 구심점(focal point)으로서 유엔을 비롯한 국제기구의 대표성과 전문성을 적극적으로 활용할 필요성이 늘고 있다. 세계적 재앙 속에서 국가이기주의나 국내정치적 상황을 고려한 내향적(inward) 정책을 고집하는 것은 단기적으로는 자국의 이익을 챙길 수 있을지라도 결국은 부메랑이 되어 자국민의 안전과 국가 전체에 위협을 줄 수 있기 때문이다.

둘째, 코로나19는 단순히 보건안보의 위협 요소일 뿐 아니라 경제위기와 사회적 위기를 포함한 인간안보의 전 범위에서 위협을 가할 수 있는 요소이다. 국내적으로 팬데믹으로 인해 서비스업과 소비 부문을 중심으로 한 실물경제가 빠르게 위축되면서 소상공인과 자영업자들이 입은 경제적 파급효과의 충격은 코로나19가 종식되더라도 상당 기간 회복이 힘들 것이다. 국제적으로는 각국이 국가봉쇄(lockdown)와 사회적(물리적) 거리두기를 강화하면서 세계화된 국제무역체제의 글로벌 가치사슬(GVC, 상품과 서비스의 기획, 생산, 유통, 사용, 폐기 등의 전 과정에 걸친 기업활동이 교통과 통신의 발달로 인해 세계화되는 것)과 제조업이 커다란 타격을 입었다. 생산에서 공급(판매)로 이어지는 국제경제분업구조에서 한 부분만 문제가 생겨도 전체 흐름이 끊길 수밖에 없는데, 여러 나라의 국경폐쇄는 효율성(기업의 이윤 극대화)을 중시하는 기존의 GVC의 한계를 드러냈다.

지금까지는 세계화된 시장에서 국가 간 상호 효율성 극대를 목표로 협력하여 같이 크게 성장해 나가야 한다는 기조가 강했다. 특히 중국이 시장을 개방하고 세계 경제의 공장 역할을 하면서 저임금 노동시장이 급격히 확대되었다. 그러나 중국에 진출한 기업들이 현지 인력부족과 인건비 상승 등으로 어려움을 겪고 글로벌 정치와 경제가 불안정해지면서 기존 GVC 시스템에 균열이 나타나기 시작했다. 더욱이 코로나19처럼 급작스러운 위기 상황이 반복되면서 해외 진출 기업들은 효율성의 가치보다 비용이 조금 더 비싸고 시스템이 조금 덜 효율적이라도 리스크 분산을 통해 조금 덜 위험한 방식으로 GVC의 다변화를 추구할 것이다.

그 과정에서 기업들은 증가한 비용을 충당하기 위해 인공지능(AI)과 같은 새로운 기술을 도입하고 조직의 운영체계를 바꾸는 종합적인 디지털 전환을 도모하게 된다. 흔히 디지털 시대 산업트렌드는 초기 투자 비용이 많이 들지만, 고급 두뇌 확보와 제조업과 서비스의 융합을 통해 제품의 차별화와 기업의 경쟁력을 확대하는 것이다. 코로나19로 언택트(비대면) 사회가 앞당겨지며 4차 산업혁명 시대로의 변화가 더욱 빨라지게 되면서 디지털의 보편화가 급속히 확대되고 있다. 그러나 국제전기통신연합(ITU)에 따르면, 인터넷을 이용하지 못해 사회적 활동이나 경제적 혜택을 받지 못하는 수가 여전히 세계 총인구의 2/3에 달한다.

기술과 온라인시대에 자원과 역량 있는 개인과 기업 및 국가들과 그렇지 못한 양극단 사이 정보 접근의 빈익빈 부익부 상황인 '디지털 정보격차'(digital divide)는 단순한 디지털 격차에 그치는 것이 아니라 사회발전과 공동체 삶을 저해하는 요소가 된다. 문화와 생각, 사회적 격차로 확대되어 저소득층, 장애인, 고령층, 농어민, 저숙련 노동자와 같은 정보 취약계층의 정보 소외현상과 소득 불평등 심화로 이어지는 악순환이 심화되기 때문이다. 정보 접근이 어렵고 코로나19 확산으로 국경까지 폐쇄되어 국제사회의 인도적 지원도 받기 힘든 저개발국이나 '실패국가'(failed states)에 거주하는 취약계층의 인간안보는 더욱 곤궁에 빠질 것이다. 따라서 "왜 재난은 가난한 이들에게만 가혹할까"라는 머터(John C Mutter)의 문제 제기처럼, 코로나19 시대 인간안보 관점에서 사회적 격차(social divide)가 '재난 불평등' 현상으로 인한 '팬데믹 디바이드'(pandemic divide)를 초래하고, 디지털 격차와 연계되어 국가 간 불평등이 심화하는 악순환을 막아야 한다.

셋째, 코로나19 확산은 전례없는 인간 생명의 위협이 되어 국제안보 패러다임에 변화를 초래하고 있지만, 타국의 군사적 위협으로부터 국가의 생존을 지키는 군사력 중심의 전통안보는 여전히 핵심적 국가안보 과제이다. 따라서 기존의 안보개념을 확대하여 국가적 안보위협의 다양성과 국가 간 상호의존성 심화에 따른 안보의 고려영역 확장을 포함하는 포괄적 안보 접근이 중요하다. 이러한 맥락에서 전통안보와 인간안보를 함께 아우르는 새로운 안보관을 구축하고 체계적인 정책결정자와 대중인식 교육을 통해 국제협력의 의제 및 방안을 모색할 필요가 커졌다.

특히 주목할 것은 탈냉전기 국제분쟁은 군사적 요인뿐 아니라 환경, 에너지, 자원 등 이들을 확보하기 위해 국가 간 폭력분쟁을 불사한 무한경쟁과 연관된 것이다. 지구촌이 얼마나 '초연결 사회' (hyper-connected society)인가를 반증하는 사태인 코로나19 위기에 대처하는 개별국가들, 특히 자원과 역량이 있는 선진국들의 대응이 국경통제와 무역규제 및 백신의 선점인 경우, 국가 간 갈등과 경쟁이 더욱 심해지면서 인간안보 문제가 국가안보 문제로 이어질 수밖에 없다.

다자주의적 접근의 한계와 필요성

코로나19 사태는 오늘날 인류가 감염병, 기후변화, 경제위기와 같은 지구촌 과제(global problematique)에 직면하여 초국가적 협력 없이는 일국의 안보뿐 아니라, 개개 인간의 건강과 안전보장도 힘든 초연결성, 초위험성의 시대에 살고 있음을 상기시켜주었다. 무엇보다 냉전 종식 이후 20년간 미국 주도의 신자유주의적 경제질서 아래 급성장한 세계무역과 GVC가 2008년 글로벌 금융위기로 인해 정체되었고, 코로나19로 붕괴위기에 처하였다. 자본의 세계화라는 틀 아래 경제적 자유주의와 정치적 수단을 통한 글로벌시장개방, 국제분업, 그리고 자유무역의 한계가 드러났기 때문이다. 특히 코로나19 위기는 트럼피즘으로 대변되는 반세계화와 신고립주의, 영국의 BREXIT와 같은 내셔널리즘의 강화 및 반세계화 추이 속에 다자질서를 주도할 리더십 공백상태에서 발발하였다. 기업들은 리스크 관리 차원에서 오프쇼어링(off-shoring, 생산시설 타국 이전)보다는 리쇼어링(reshoring, 해외로 나간 제조업의 국내 복귀), 아웃소싱(outsourcing, 외주화)보다는 인소싱(insourcing, 내부조달)을 강조하면서 세계 경제의 파편화 현상과 국가주의적 현상이 가시화되고 있다.

이스라엘의 역사학자이자 『사피엔스』(Sapiens)의 저자인 하라리

(Yuval Harari)의 지적처럼 팬데믹이 가져온 경제위기는 글로벌 위기로 국가 간 협력과 국제적 연대를 통해 해결해야 한다는 인식이 확산되어야만 세계 경제 회복의 실마리를 찾을 수 있을 것이다. 그러나 다자주의 외교를 강조하는 바이든의 산업정책도 첨단산업체계를 강화함으로써 대중 의존도를 줄이고 미국 위주로 GVC를 재편하여 기술, 산업, 안보 면에서 국익을 최대한 확보하려는 것이다. 따라서 바이든 행정부가 GVC의 변화를 다자주의적 관점에서 효과적으로 다룰 수 있을지는 두고 봐야 한다.

둘째, 오래전부터 이미 다양한 형태의 인간안보 위협요인들이 지구촌 곳곳에서 발발하였으나 국가들은 사후적(ex-post) 대응만 했을 뿐 지속적인 대응조치와 국제공조에는 실패하였다. 이러한 미온적 대응은 탈냉전 이후에도 주요 강대국들이 혹시 있을 전쟁에 대비하여 막대한 국가 예산을 군비 지출에 쏟아부은 것과 대조된다.

하지만, 대표적 다자주의 기구인 유럽연합(EU)의 회원국들은 일찍이 냉전기부터 다자외교를 통해 특정 이슈들에 대해 문제가 터지기 전에 연대를 구축해 공동대응을 하려는 노력을 기울여왔다. 1984년 이래 이미 전염병을 주요 안보위협으로 규정하여 프로그램(Framework Programme)을 통해 역내 보건안보적 위협을 신속하고 정확하게 평가하기 위한 협동연구를 진행해왔다. 또한 1995년부터 조기경보 대응시스템(Early Warning Response System)과 역학정보시스템(Epidemic Intelligence Information System)을 가동하였고, 2005년 유럽질병통제관리본부를 창설하여 역내 국가들은 다자간 협력을 통해 감염병 예방과 효과적 대응을 위한 유용한 정책 옵션 및 행동요령 등을 마련해왔다.

그러나 코로나19 위기는 유럽 내 공중보건을 위한 초국경적 집단지성(collective intelligence)의 한계를 여실히 드러냈다. 2020년 3월 초까지만 해도 코로나19를 아시아인의 병이라고 경시하던 유럽인들은 이탈리아, 스페인, 프랑스, 영국 등에서의 급속한 확산세와 사망률로 경각심을 갖게 되었다. 고령층 인구가 많고, 마스크 착용에 대한 거부감과 볼을 맞대는 인사법, 강한 지방분권 전통으로 인한 중앙정부 차원의 방역 관리시스템의 어려움 등은 정부 차원의 대응을 지연시켰고, 그로 인해 역내 보건안보를 위한 기존 시스템이 제대로 작동하지 못하였다. 발발 초기 상대적으로 안전지대였던 독일과 체코는 유럽 내 마스크와 의료 및 위생용품이 부족해지자 관련 장비의 수출을 금지하여 논란이 되었다. 또한 유럽행 경유지로 터키에 체류하고 있는 360만 명의 시리아 난민과 관련하여 EU가 지원 약속을 지키지 않는 가운데, 코로나 확산으로 EU 국가들이 국경을 통제하면서 유럽의 '난민 방파제' 역할을 해온 터키 정부와 갈등을 빚었다. 다자주의 전통과 제도가 가장 잘 정착된 EU 국가들도 코로나 위기 앞에서는 공동체 원칙을 뒤로 한 채 자국 이익을 중심으로만 움직였다.

동아시아의 경우, 애초부터 EU와 같은 다자주의 전통이 없었을 뿐 아니라, 코로나19 발발 이전부터 역사, 정치, 영토 등을 둘러싼 분열적 양상을 띤 한·중·일 3국은 발발 이후 대처 과정에서도 자국의 단기적 이익만 앞세우는 태도를 보였다. 중국은 코로나19의 발원지에다 2003년 SARS 사태 때처럼 감염병에 대한 은폐 및 정보 미공개로 인해 세계로 퍼지는 것을 방치했다. 일본은 2020년 7월 동경올림픽을 무리해서라도 예정대로 추진하기 위해 초기 코로나바이러스 사실을 과소평가하고 진단검사를 적극적으로 시행하지 않아 초기대응에 실패했다. 한국의 경우, 초기 코로나에 대한 상대적 선방으로 'K-방역' 전수 요청이 늘자 국제방역 협력 채널을 일원화하고자 국제협력 태스크포스(TF)를 발족하였다. 하지만, 지역협력체제나 제도화의 미흡은 초국가적 위기발발 시 역내 국가 간 협력에 대한 기본 방침과 정책검토를 위한 플랫폼의 부재로 이어져, 전염병 대응을 위한 지역 차원의 컨트롤타워나 실무 역할을 기대할 수 없다. 따라서 각국의 입장에서 '각개전투식' 대응에 나서고 있을 뿐이다.

코로나 확산 초기 국경봉쇄에 이어 마스크와 의료장비의 공항 탈취전까지 불사한 미국, 캐나다, 영국, 독일 등 주요 선진국들은 화이자와 모더나 같은 글로벌 제약사들에서 효능이 입증된 백신을 생산하자 이제는 백신 확보 경쟁에 돌입하였다. 11월 G20 정상회의에서 각국 지도자들은 '백신 민족주의'를 경계하며 백신의 역할을 글로벌 공공재로 인식하고 모든 사람에게 공평한 분배를 공표하는 성명을 발표하였다. 그러나 12월 코로나 백신이 영국에서 긴급 승인되어 접종이 시작되자 이들 국가도 앞다투어 백신 확보에 국가역량을 집중시키고 있다. 지구촌 모든 이들에게 공평한 기회를 제공하기 위해 WHO를 포함한 국제기구들의 주도로 코백스 퍼실리티(COVAX facility)라는 백신 공동구매·지원 프로젝트를 만들었으나 미국, 영국, 독일, 일본 등은 자금력을 앞세워 실제 백신이 개발도 되기 전에 사재기식 '싹쓸이' 계약물량을 확보하였다. 백신 개발사들이 코백스에 백신을 언제까지 얼마나 제공할지도 모르는 상황이다. 결국 코백스의 백신에 의존할 수밖에 없는 저개발국가에서는 2024년이나 되어야 백신접종이 가능할 것이란 암울한 전망도 있다.

그러나 세계 인구 70~80%가 접종을 해야 지구촌 집단면역이 형성된다는 게이츠(Bill Gates) 마이크로소프트 창업자의 주장에 주목할 필요가 있다. 그는 2015년부터 팬데믹 위기를 경고하며 국제사회가 협력하여 대비할 것을 촉구한 바 있고, 코로나19 발발 이후 전 세계 코로나 공동대응을 강조하며 백신 개발을 위해 G20 정상에 국가 차원의 투자를 촉구하는 노력을 계속하고 있다. 이렇듯, 인간안보 문제는 국가 행위자들뿐만 아니라 국제기구를 포함한 다양한 행위자들의 유기적인 협력과 공조가 요구된다. 국가가 미처 신경 쓰지 못하거나 능력이 부족하거나 정치적 목적으로 묵과해버리는 글로벌 문제를 유발하는 인간안보 이슈에 대한 국제협력을 끌어낼 국제기구나 개인의 역할이 주목받을 수 있는 이유이다.

국가 행위자의 역량을 평가절하하는 것이 아닌, 다양한 행위자를 통해 국가 행위자 간에 협력을 더욱더 효과적이고 공고히 할 수 있다는 점에서 민간차원의 협력도 필요하다. 즉 일국의 인간안보 협력 이니셔티브를 위한 의제를 제안하고, 이러한 의제가 국가 브랜드 제고뿐 아니라 실질적인 정책성과는 거둘 수 있도록 어떠한 국가 간 협력, 민간단체와의 공조, 그리고 유엔 및 국제기구와의 다자적 노력을 기울여야 하는지에 대한 구체적 사례연구를 통한 제안을 제시하는 것을 목적으로 해야 한다.

요약하면, 코로나19를 계기로 국가지도자들은 외교정책 수립에 있어 인간안보의 개념과 취지를 고려하기 시작하였다. 국제사회의 리더십이 흔들리고 있을 때, 인간안보의 촉구는 새로운 리더십을 확보하는 계기가 될 수 있다. 하지만, 현실주의적인 시각에서, 현재의 인간안보 정책은 이를 시행할 힘, 혹은 담론을 통해 정책을 정당화하는 힘이 있어야 한다. 따라서 코로나19 대응과 연관된 인간안보 구상은 인간의 일상을 저해하는 국내외 각종 위협으로부터 살아남는다는(freedom from threats) 소극적 인간안보(minimum human security)를 뛰어넘어 단순히 보건분야뿐만 아니라 전염병으로 인해 유발된 경제안보, 더 나아가 국가안보와의 연관까지 고려하는 적극적 인간안보(maximum human security)의 목표를 표방해야 한다. 이 과정에서 인권 대(對) 주권의 균형을 신중하게 고려하고 다양한 행위자들의 참여를 통해 포괄적인 다자주의를 형성할 새로운 인간안보의 판을 구성할 필요가 있다.

IV. 한국의 '인간안보 국제협력' 선도를 위한 제언

인간안보는 1990년대 중반 유엔을 통해 국제사회의 보편화된 개념 혹은 담론으로 자리 잡았지만, 이미 제2차 세계대전 이후부터 궁핍과 공포로부터의 자유를 표방하는 서구적 개념이었다. 냉전 종식 이후 캐나다, 일본, 태국, 호주, 스웨덴, 브라질 등 여러 국가에서 외교정책의 하나로 활용되어왔다. 그러나 개념의 모호성과 정책적 이행의 어려움, 주권이나 국가 이익과의 조화문제, 비용을 누가 내며 성공적인 담론 주도는 어떻게 하느냐와 같은 제반 문제들에 부딪혀 국제사회에서 인간안보는 부침 현상을 겪어왔다.

코로나19 사태로 국제사회에서 다시 주목받기 시작한 인간안보에 관한 필요성 및 의제 발굴에 한국 정부가 효과적이고 독창적인 외교정책 추진할 모멘텀을 찾는 것이 중요하다. 12월 이후 코로나 확산과 백신 확보 뒷북대응 논란으로 K-방역이 다소 휘청거리긴 했으나, 팬데믹 위기 속에 상대적으로 선방해온 한국은 미-중 패권 경쟁과 상호불신이 가열화되며 G-제로 시대를 우려하는 가운데 '중견국의 시간'(middle power moment)을 맞고 있다. ,

현재 국제사회는 기후변화와 코로나 팬데믹 등 나라 간 국경을 넘어선 협력 없이는 국가의 안보뿐 아니라, '일반 사람들'의 안전 보장이 어려운 상황에 직면해 있다. 그런 점에서 환경과 보건, 재난 등 당면한 문제를 극복하는 데 있어 한국의 국제적 역할과 방향성 면에서 인간안보를 활용하는 것은 시의적절한 시도이다. 특히, 포스트 코로나 시대에는 국가들의 국내외 정책에도 큰 변화가 예상되는바, 그 중 전염병, 기후변화, 사이버 등 비전통안보 위협에 대한 인식과 이에 대처하는 국가들의 협력방식 문제가 새로이 대두할 것이다. 코로나 위기의 대응책 마련을 위한 전 지구적 차원의 정책개발 필요성이 높아지면서 국가 행위자들 뿐 아니라 NGO들도 상호협력과정을 통해 '보건안보의 거버넌스'를 이루어야 한다는 국제사회의 인식도 제고되고 있다. 이러한 맥락에서 한국이 가치와 규범을 공유하는(like-minded) 중견국들과의 다자적 협력을 통해 인간안보라는 기존의 개념, 특성, 의의, 방안을 토대로 보건안보에 접근하면서 국제적 담론을 주도하고, 구체적 정책 제안을 만들어갈 기회를 십분 활용할 필요가 있다.

이를 위해 한국의 국가적 외교정책으로서 인간안보를 활용하는 것은 큰 틀에서 시의적절하다. 그러나 그 구체적 방향과 관련해서는 깊은 고민이 필요하다. 인간안보 분야에서 선도적 중견국으로서의 역할을 수행하기 위해 앞서 언급한 인간안보 수행국가들이 그동안 어떠한 맥락에서, 어떠한 방식으로 인간안보와 관련한 국가적 목표와 정책을 구상하고 실천해왔는지, 그리고 그들의 노력이 자국의 국익과 어떠한 방식으로 연결되었고 현재는 인간안보에 대해 어떤 입장들을 취하고 있는지 등을 종합적으로 고찰하는 것이 중요한 작업이 될 것이다. 이는 큰 틀에서 냉정한 국익 안에 인간안보 정책을 거시적, 통합적으로 구상하는 것을 의미한다.

여기서 주목할 것은 코로나19를 계기로 인간안보를 포함한 비전통안보를 둘러싼 국가 간 협력 강화의 필요성이 커지고 있지만, 전통적 군사안보 중심의 동맹과 국제연대는 여전히 가장 중요한 외교안보적 과제라는 점이다. 그러므로 전통적 안보 패러다임을 대체하는 것이 아니라 비전통안보를 동시에 고려하는 안보 패러다임의 확대, 즉 포괄적 안보 접근의 중요성을 강조하는 정책 틀 속에 전통안보와 인간안보의 균형을 맞추고 국제협력 의제와 방안을 모색해야 한다.

현재 한국 정부가 보고 있는 인간안보 이슈는 주로 국가의 경계를 넘어선 기후 위기와 보건 위기에 대한 공동 방역과, 이를 통한 남북 협력과 평화의 새로운 통로 확보로 요약된다. 이 경우 한국 정부가 인간안보에 접근하는 방식은 기존의 공포로부터의 자유와 빈곤으로부터의 자유라는 이분법적 시각을 어느 정도 통합하여 이 두 축을 연계하는 이슈 및 접근방법을 제시하는 것이 바람직하다. 특히 UNDP가 제시한 인간안보의 8가지 요소들이 서로 얽혀있다는 점에서 이러한 접근은 유의미하다.

하지만, 한국 정부가 북한과의 관계에 우선순위를 두고 인간안보의 관점에서 접근한다면, 국제사회에 '보편적이고 객관적인' 인간안보 담론을 제시해야 하는 본연의 인간안보 정책적 목표달성에 실패하는 것일 뿐 아니라, 국제사회의 인정이나 평판을 토대로 한 보편적 지지를 얻지도 못할 것이다. 그러므로 북한과의 인간안보 협력은 독립적이라기보다 한국 정부의 인간안보를 위한 국제협력 목표와 접근방안의 주요한 하나의 의제로 다뤄야 한다. 북한과의 감염병 방역 공조와 보건분야 공동협력과 같은 인간안보 협력을 통한 평화공동체 발전을 강조하다 보면 인간안보 중심으로 코로나 이후 국제협력을 선도하려는 한국의 목표가 국제사회에 자칫 남북관계 돌파구를 위한 '수단'으로서 비칠 수 있기 때문이다. 더욱이 건강과 환경에 집중한 인간안보 정책을 통해 한반도의 평화를 구축하겠다는 방향성은 궁극적으로는 인간안보의 다양한 이슈들, 즉 개인의 안전과 공동체의 안전, 정치 안보 등의 이슈들에서 교착지점을 맞이할 수 있다. 이런 지점들에 대한 깊은 고민 없이 인간안보를 한반도 평화 공존과 연결하는 것은 북한을 비롯해 동북아시아의 정세를 '순진하게' 읽는 시각이다.

결론적으로, 인간안보의 프레임이 성공적으로 작동하기 위해서는 냉정한 국익을 직시하고 이를 국제사회의 공헌을 통한 거시적 국익과 통합적으로 엮어내는 전략적 정신과 정치 리더십이 필요하다. 이에 인간안보를 주창했던 기존 국가들의 맥락과 역사, 한국의 국익에서 인간안보의 위치 등에 대한 보다 신중한 진단과 교훈 도출(lessons learned)이 필수적으로 이루어져야 할 것이다. 특히 인간안보 국제협력제고를 위한 다자주의적 접근 가능성을 때로는 실험적으로, 때로는 과거 실수의 복기를 통해 노하우와 경험을 축적하여 지구촌 모두의 공생과 상생을 추구하는 것이 궁극적으로 개별국가에도 '가성비 높은 국익'으로 돌아오게 된다.

* * * * * *

참고문헌

<국문>

박흥순. 2016. "국제기구와 외교정책: 중국의 AIIB 창설추진 전략의 분석," 『OUGHTOPIA』 31(2), pp.95-132.

이신화. 2020. "코로나19와 인간안보 위협," <외교> 제134호, 7월, pp. 37-45.

최재천, 장하준, 최재붕, 홍기빈, 김누리, 김경일. 2020. 『코로나 사피엔스』 (서울: 인플루엔셜).

<영문>

Axworthy, Lloyd, Knut Vollebæk, Stein Kuhnle and Sorpong Peou. 2014. "Introduction: Human Security at 20-Lysoen Revisited," Asian Journal of Peacebuidling 2(2), pp. 143-149.

Barry. John M. 2004. The Great Influenza: The Story of the Deadliest Pandemic in History (New York: Viking Press).

European Centre for Disease Prevention and Control. "Epidemic Intelligence Tools and Information Resources," https://www.ecdc.europa.eu/en/threats-and-outbreaks/epidemic-intelligence.

le Carré, John. 1963. The Spy Who Came in from the Cold (London: Victor Gollancz & Pan)

Lee, Shin-wha. 2019. "Is the Liberal Order at Risk?: Causes and Remedies."『세계지역연구논총』37(2). pp. 369-395.

Lee, Shin-wha. 2019. "South Korea's Refugee Policies: National and Human Security Perspectives," Hernandez, C., Kim, E.M., Mine, Y., Xiao, R. eds. Human Security and Cross-Border Cooperation in East Asia (New York: Palgrave Macmillan).

Mulikita, Michael N. and Lionel Vairon. 2020. "COVID-19: Multilateralism and the Quest for Collective Human Security," CGTN, May 2.

Mutter, John C. 2015. Disaster Profiteers: How Natural Disasters Make the Rich Richer and the Poor Even Poorer (New York: St. Martin's Press).

Nye, Joseph. S. 2018. "The Rise and Fall of American Hegemony from Wilson to

Trump." International Affairs 95(1) (2019), pp.63-80.

Remacle, Eric. 2008. "Approaches to Human Security: Japan, Canada, and Europe in Comparative Perspective," The Journal of Social Science 66, pp.5-34.

글로벌 그린뉴딜 추진 동향과 국제적 함의

손성환

I. 글로벌 그린 뉴딜의 배경
II. 미국의 그린 뉴딜 추진 경위 및 내용
III. EU의 유럽 그린딜 내용 및 주요 후속조치
IV. 한국판 그린뉴딜 평가
V. 글로벌 그린뉴딜의 국제적 함의 및 대응
VI. 맺음말

글로벌 그린뉴딜 추진 동향과 국제적 함의

I. 글로벌 그린 뉴딜의 배경

그린 뉴딜의 개념은 UN등 국제기구 등에서 2000년대 이후 지속적으로 제기되어 왔으나 본격적으로 제기가 된 것은 2019년 이후 미국과 EU에서이다. 미국은 2019년 3월 Ocasio-Cortez 하원의원과 Markey 상원의원의 공동 의회 결의안(resolution) 발표를 계기로 정치권에서 본격 논의가 시작되었으며 대선 과정에서 2020년 7월 민주당 Biden 후보의 대선 공약으로 수렴되었다. 한편 EU는 그간 부문별로 추진되어오던 기후 변화 대응 및 환경정책들을 종합적인 정책 로드맵으로 준비하였다. EU 집행위원장은 2019년 12월 European Green Deal 정책을 공식 발표하고 후속 정책과 입법 등 관련조치를 통해 계속 보완해 나갈 것임을 밝혔다.

우선 미국과 유럽 중심으로 국제적으로 그린뉴딜 정책이 제시되고 추진 동력을 얻게 된 배경에 대해 살펴보고자 한다.

국제사회는 교토의정서를 대체할 신기후체제를 마련하기 위하여 노력해온 결과, 2015년 12월 제21차 유엔기후협약 파리 당사국 총회에서 파리 협정을 채택하였다.

유엔 기후변화 협상 과정에서 처음으로 190개국 이상의 참가

국이 제출한 자발적 감축 공약인 NDC(Nationally Determined Contribution)를 통해 선진국과 개도국이 온실가스 감축에 함께 참여하게 되었다. 그러나 당사국 들이 제출한 감축공약을 100 퍼센트 이행하더라도 2100년에 3.2°C 기온상승이 전망되어 기후 파국을 막기 위한 대기 평균기온의 섭씨 2도 이하로 상승 억제라는 목표를 달성하기에는 미흡하다는 것이 명백해졌다.

IPCC는 2018년 9월 송도에서 개최된 제48차 총회에서 발표한 특별 보고서를 통해 기온 상승을 1.5°C로 제한하기 위해 2010년과 비교하여 2030년까지 전세계 탄소 배출량을 최소 45% 감축하고 2050년까지 배출 순제로(net-zero emission)의 달성이 필요함을 지적하였다. 배출 순제로는 잔여 배출량이 있더라도 탄소 포집, 산림 흡수 등의 방법으로 상쇄하여 온실가스 순 배출량이 제로가 되어야 한다는 의미이다.

국제적 그린뉴딜 정책 확산의 배경에는 기후 급변사태의 빈발과 이로 인한 피해 확산이 있다. 2000년 이후 한 해를 제외하고는 평균기온이 지속적으로 상승하였고, 온실가스 배출량의 대기 중 축적도 가속화되고 있다. 2018년 미국 국립과학원(PNAS)이 발표한 논문은 기후변화에 영향을 주는 특정 지역의 요인들이 다른 요인들과 상호 연계되어, 기후변화의 영향과 피해가 증폭되는 현상(feedback loop)이 발생하며 조만간 임계점(Tipping Point)에 도달할 것이라는 점을 확인하였다. 최근 빈발하고 있는 대형 기후 재난 사례를 보면 이러한 주장에 더욱 힘이 실리고 있다. 2019년 9월 호주 남동부 지방에서 발생한 산불은 6개월이나 지속되어 호주 전체 숲의 약 14%가 소실되었고 캘리포니아 등 미국 서부지역 내 산불로 2020년의 경우 한국 면적의 15%에 해당하는 삼림이 소실되었다.

기후변화 관련 피해가 커짐에 따라 전 세계적으로 시민 사회와 환경 단체들 중심으로 적극 대응을 요구하는 목소리가 커지고 조직화되기 시작했다. 특히 청년 그룹의 활동이 두드러졌다. 스웨덴의 그 레타 툰베리는 2019년 9월 UN 기후정상회의에 연사로 초대되는 등 국제사회의 인식 제고에 크게 기여하였다. 미국의 경우에도 그린 뉴 딜이 공론화되는 과정에서 청년 환경단체가 중심적인 역할을 하였 다.

II. 미국의 그린 뉴딜 추진 경위 및 내용

1. 추진 경위

그린 뉴딜의 개념은 2000년 이후 미국의 학계와 언론계, 시민사 회에서 꾸준히 제기되어 왔으나 2019년 민주당을 중심으로 정치권 에서 그린뉴딜 결의안이 제시됨으로써 본격적으로 추동력을 갖게 되었다. 2019년 미국 정계에서 본격적으로 제기된 그린뉴딜은 1930 년대 대공황 극복을 위해 인프라 건설 등 공공 프로젝트 확대를 통 해 수요와 고용을 창출하고 경기 침체를 극복한 루즈벨트 대통령의 뉴딜 정책에서 영감을 받았다.

한편, 2008년 글로벌 금융위기로 인한 경제 침체가 지속되어 고 용 없는 성장이 뉴 노말이 되고 소득격차 확대로 인한 불평등 심화 로 사회적 갈등도 증폭되었다. 이러한 상황에서 기후 위기를 극복 하기 위해 화석연료 기반의 에너지 및 경제운용 방식에 대한 구체 적인 정책 대안으로 그린뉴딜이 제기되었다. 2018년 중간선거 후 청년들이 주축이 된 기후행동 단체인 썬라이즈 무브먼트(Sunrise Movement)를 중심으로 풀뿌리 시민운동단체와 정치권이 연대함 으로써 본격적으로 공론화가 되었다. 썬라이즈 무브먼트가 그린뉴 딜을 표방하고 낸시 펠로시 하원의장의 사무실을 점거하면서 언론과 사회의 관심을 끌게 되었다. 오카시오-코르테즈 초선 하원의원은 당선인 신분으로 하원의장 사무실을 방문하여 청년 운동의 취지에 적극 지지를 표명하는 한편, Mackey 민주당 상원의원과 그린뉴딜 공동 결의안(resolution)을 마련하는데 주도적 역할을 하였다.

2. 그린 뉴딜 결의안 취지 및 요지

그린뉴딜 결의안은 IPCC의 1.5도 보고서에 바탕하여 미국 경제와 산업 전반에 걸쳐 온실가스를 감축하고 전력 생산의 탈탄소화를 달성하기 위한 재생에너지 사용 비율의 대폭 확대 등 에너지 전환을 요구하였다. 또한 미국 사회의 소득 불균형 해소와 고용창출 등 제반 사회·경제적 문제의 포괄적 해결에 중점을 두었다.

14 페이지 분량의 결의안은 연방정부가 추진해야할 그린뉴딜 정책의 목표로서 ▲ 공정하고 정의로운 전환을 통해 2050년까지 온실가스 순배출 제로(Net Zero Emissions)의 실현, ▲ 번영과 경제적 안보를 위한 양질의 고용 창출, ▲ 청정에너지인프라와 산업에 대한 투자, ▲ 모든 국민에게 청정대기와 물, 기후복원력, 건강식품 제공, ▲ 원주민, 소수인종, 이민자 커뮤니티에 대한 정의 및 평등을 제시하였다.

결의안은 향후 10년간 그린뉴딜 추진 사업으로 다음과 같이 제시하였다.

- 기후변화 관련 재해로부터의 복원력 구축
- 인프라 개선과 전력수요의 100%를 청정, 재생, 제로 배출 에너지로 공급
- 에너지 효율 제고와 분산형 스마트파워 그리드 구축으로 합리적 가격의 전기 제공

- 기존 빌딩의 효율 제고와 높은 에너지 효율을 가진 건물 신축
- 대규모 청정 제조 지원 및 제조업과 산업의 탈탄소화
- 농업 분야의 오염물질과 온실가스 배출 감소
- 배출제로 차량인프라, 청정 대중교통, 초고속열차 투자를 통해 오염과 온실가스 배출 없는 운송시스템으로 개편
- 기후변화와 오염으로 인한 보건 및 경제에 대한 장기적이고 부정적 영향 완화
- 자연생태계의 복원을 통한 온실가스와 및 오염 저감
- 위협받고 훼손된 생태계 복원, 보호와 유해폐기물과 폐기된 부지 정화
- 기술, 지식, 서비스 등의 국제교류 증진 및 기후행동의 국제적 리더십 발휘

결의안은 2050년 탄소중립 목표와 함께 양질의 일자리 창출과 경제 활성화, 사회적 불평등 해소와 같은 전방위적 사회개혁을 목표를 제시하였으나, 구체적인 정책이나 정책추진 로드맵, 재원동원 방법 등 세부 이행수단과 계획은 담고 있지는 않았다. 결의안은 하원 통과 후 상원에서 부결되었으나 핵심 개념은 바이든 민주당 대선후보의 공약에 반영되었다.

3. Biden 대선 후보의 청정 에너지·인프라 계획

바이든 민주당 후보는 2020년 7월 14일 대선 공약의 일환으로 "현대적이고 지속가능한 인프라 및 청정에너지 구축계획"(The Biden Plan To Build A Modern, Sustainable Infrastructure And An Equitable Clean Energy Future)을 발표하였다,

이는 바이든 후보가 2019년 1월에 발표하였던 '청정에너지 혁명과 환경 정의(Clean Energy Revolution and Environmental

Justice)' 계획과 비교하여 기간을 2020-2030간 10년에서 2025년까지 5년으로 단축하고, 투자액은 1조 7,000억 달러에서 2조 달러로 상향 조정하는 내용이다. 바이든 후보의 공약도 그린뉴딜 결의안에 포함된 2050년까지 이산화탄소 배출 순제로 목표를 중심 개념으로 담고 있다. 한편, 청정에너지 기술과 인프라에 대한 투자 재원은 법인세 인상과 경기 부양을 통해 마련하겠다는 방침을 밝혔다.

바이든 후보의 공약은 다음과 같이 6개 분야에 투자하는 내용을 담고 있다.

① 현대식 인프라 구축
- 도로, 철도, 다리, 녹지 공간, 수도, 전력망, 광대역 통신 등 청정에너지 생태계 구축을 위한 인프라 투자
- 특히 청정하고 안전하며 빠른 전철 시스템 구축으로 제2의 철도혁명 실현
- 2030년까지 10만 이상의 지자체에 양질의 친환경 대중교통수단 구축

② 미국 자동차 산업의 입지 강화
- 전기차 및 부품 생산에서 미국의 글로벌 리더로서의 위상 확보
- 국내 자동차 공급망 및 인프라 부문 투자로 일자리 1만개 창출
- 정부조달 시 친환경 자동차를 구매하고, 친환경 부품의 생산 가속화와 300만 대를 친환경차로 업그레이드
- 전기차 충전소 50만 개 설치 등 자동차 인프라 투자로 고용 창출
- 전기자동차 및 배터리 기술 연구 강화 및 국내 생산설비 개발 지원
- 2030년까지 신형 미국산 버스의 온실가스 배출 제로 달성 목표를 설정하고 스쿨버스 50만 대를 친환경 버스로 전환

③ 전력 부문

- 에너지 효율, 청정에너지, 전기시스템, 송전 인프라에 대한 대규모 투자를 통해 교통부문의 전기화(Electrification), 저장장치, 송전 장애 해소 등 청정에너지의 잠재력 실현
- 에너지 효율 증진과 청정에너지 일자리 창출을 위한 조세 인센티브 확대
- 청정에너지 부문의 민간 투자 유인을 위한 혁신적인 금융 메커니즘 개발
- 2035년까지 미국 발전 부문에서 이산화탄소 배출량 제로 달성
- IPCC 권고에 따른 이산화탄소 포집 기술 개발을 위해 연구개발투자와 조세 인센티브 배증
- 10년 이내 그린 수소를 기존 수소와 동일한 비용으로 제공

④ 건물

- 향후 4년간 빌딩 400채, 주택 200만 채를 고효율 에너지설비로 업그레이드하여 양질의 일자리 최소 100만 개 창출
- 에너지 효율이 높은 주거단지 150만 호 건설
- 2030년까지 상업용 신축 건물에 대해 배출가스 '넷 제로'기준 적용
- 2035년까지 건물발생 탄소 배출량을 절반으로 감축

⑤ 청정에너지 혁신

- 연방 조달 예산을 향후 4년간 4000억불 증액하여, 전기차와 배터리 등 청정에너지 관련 부품과 제품 구입
- 기후 관련 총괄 연구기관인 ARPA-C(Advanced Research Project Agency for Climate)신설
- 에너지 저장, 소형의 안전하고 고효율의 첨단 원자로, 배출제로 에너지 빌딩, 재생수소 (renewable hydrogen) 산업 공정, 식품 및 농업 부문의 탈탄소화와 포집된 탄소를 시멘트 등 산업 공정에 활용

⑥ 지속 가능한 농업 및 환경 보전에 투자
- 민간 기후봉사단 (Civilian Climate Corps)을 통해 자연보전과 생태 복원력을 위한 차세대 노동자 동원
- 폐기된 유정과 탄광, 우라늄광 등 자원 채광 시설의 오염 정화를 위한 일자리 25만개 이상 창출

⑦ 환경 정의와 공평한 경제적 기회 실현
- 청정 에너지와 에너지 효율 설비 배정 예산의 40% 이상을 불우한 지역 사회에 배정
- 기후변화, 경제적 고통, 인종적 불평등, 다양한 환경오염 위협에 처한 커뮤니티를 "데이터에 기반한 기후정의 스크리닝 툴"을 통해 파악
- 환경 정의에 최우선 순위를 두고 오염자의 책임 강화

4. 바이든 후보 당선과 그린뉴딜 추진 전망

11월 3일 미국 대선 결과 바이든 후보의 승리로 대통령 취임 후 그린 뉴딜정책이 탄력을 받을 것이라고 전망된다. 2021년 1월 조지아주 상원 결선투표결과, 민주당의 다수석 차지로 그린뉴딜 관련 입법 등 후속조치 추진에 유리한 여건이 조성되었다.

바이든 당선자는 취임하면 즉각적으로 파리협약에 복귀할 것임을 천명하였고 기후특사에 파리협정에 서명하였던 존 케리 전 국무장관을 임명하는 등 기후변화 이슈에 대한 발 빠른 행보를 보이고 있다. 바이든 당선자의 구상은 EU 그린 딜과 지향점을 공유하고 있고 구체 정책면에서도 유사한 내용이 많아 양 정책간의 시너지가 발휘될 경우, 글로벌 그린딜 확산에 우호적인 여건이 조성될 것으로 기대된다.

III. EU의 유럽 그린딜 내용 및 주요 후속조치

2019년 12월 11일 EU 집행위원회의 우르줄라 폰데어 라이엔 신임 위원장은 2050년까지 탄소배출 제로를 달성하는 최초의 대륙이 되겠다는 비전을 담은 '유럽 그린딜'(European Green Deal)을 발표하였다. 폰데어라이엔 위원장은 유럽 그린딜은 기후위기라는 실존적 이슈에 대한 EU의 대응이며 신성장 전략이고 일자리 창출에 기여할 것이라고 설명함으로써 그린 딜이 기후변화 대응, 경제성장, 고용창출이라는 세가지 축을 중심으로 추진될 것이란 점을 밝혔다.

1. EU 그린 딜의 비전과 정책 요지

1) 그린 딜의 비전

EU 집행위는 그린딜의 궁극적인 지향점은 경제·사회 모든 분야에 있어서의 지속가능성이라고 설명하고 있다. 기후위기, 경제위기, 고용위기, 불평등 해소 등 국제사회가 직면하고 있는 제반 위기에 심도 있는 전환 정책을 통해 궁극적으로 지속가능한 미래로의 전환을 궁극적으로 지향해야할 목표로 삼고 있다. 그리고 전환 과정에서 취약계층을 배려하고 소외 없는 포용적인 전환을 주요 목표의 하나로 포함시키고 있다.

2) 분야별 정책 요지

EU는 2050 탄소중립 목표를 달성하기 위한 4개 분야(에너지, 산업 및 순환경제, 건축, 수송)와 친환경 농식품 및 생물다양성 보존 등 총 8개 분야를 그린딜의 주요 정책 분야로 제시하였다.

① 2050년 탄소배출 제로 달성 및 2030 감축 강화

- 2050년 탄소중립 목표는 2020년 기후변화협약 사무국에 제출하기 위한 장기목표의 토대이며, 탄소중립 목표가 포함된 EU 기후법(Climate Law) 초안을 2020년 3월까지 제안 예정
- EU는 1990년부터 2018년까지 경제가 61% 성장하였으나, 온실가스 배출량을 23% 감축함
- 2020년 여름까지 2030년 배출량 감축을 1990년과 비교, 50-55%로 상향조정하고, 이를 위해 2021년 6월까지 기후 관련 정책을 검토하고 수정
- EU와 같은 수준의 탄소저감 정책을 시행하지 않는 국가들로 인해 EU 회원국의 산업설비가 저감 정책이 느슨한 국가로 이전하거나, 탄소집약적(carbon-intensive) 수입제품이 EU 제품을 대체하는 탄소 누출(carbon leakage)을 줄이기 위해 특정 부문에 대한 탄소 국경 조정 메커니즘(carbon border adjustment mechanism) 제안 예정

② 청정·저비용의 에너지 공급

- 2030 중기 감축계획 강화와 2050 탄소중립 목표달성을 위해 에너지 시스템의 탈탄소화
- EU 온실가스 배출의 75%를 차지하고 있는 에너지 분야의 탈탄소화 촉진을 위해 재생에너지 사용 확대 및 에너지 효율개선 중점 추진
- 전력 생산에 재생에너지 사용을 확대하고 석탄의 조기 퇴출 및 가스의 탈탄소화 추진
- EU 차원의 2030 온실가스 감축계획 확정을 위해 회원국은 2019년 말까지 자국의 에너지 및 기후행동계획을 제출하고 집행위는 충분한 수준인지와 추가적 조치 필요 여부 평가
- 평가에 입각하여 EU의 2030 감축 수준의 상향 필요성 여부를 검토하고, 2021년 6월까지 에너지 법령 개정 제의 예정
- 2020년 중 집행위는 회원국의 에너지 빈곤 문제 대응을 지원하는 지침

마련 예정

- 스마트 에너지 인프라 구축을 통한 저비용의 에너지 전환을 위하여 국가와 지역간 에너지 협력 강화, 스마트 그리드, 수소네트워크, 탄소포집·저장·활용과 같은 혁신기술과 인프라 개발 촉진

③ 청정 및 순환경제(Circular Economy)를 위한 산업 전환

- 탄소중립과 순환경제를 위한 산업과 공급망의 전환에는 25년이 소요되며, 2050 탄소중립 목표 달성을 위해 향후 5년 내 주요 결정과 조치 필요
- 집행위는 2020년 3월 EU 산업정책과 순환경제를 위한 실행계획 발표 예정
- 자원의 재활용을 넘어 사용 절감 및 재사용에 우선순위를 부여하고, 새로운 비즈니스 모델 촉진과 환경위해 상품의 EU 시장진입 방지를 위한 최소기준 설정 추진. 특히 에너지 집약산업(섬유, 건축, 전자, 플라스틱 등)의 순환경제로의 전환에 초점을 맞춤.
- EU 집행위는 2030년까지 유럽 내 포장재(packaging) 재사용(reusable)과 재활용 기준 개발 추진
- 디지털 기술을 활용하여 제품의 탄소 배출 관련 정보를 소비자에게 제공함으로써 올바른 결정 유도. 예를 들어 전자상품여권(electronic product passport) 제도를 통해 제품 생산지, 성분, 수리나 해체 가능성, 수명주기 후 처리 방법 등에 관한 정보 제공.
- 청정에너지, 디지털, 우주, 방산 관련 필수 원자재 구입선의 다변화 추진.
- 2030년까지 기간 산업분야에서 첨단기술의 상용화를 추진하고, 특히 청정수소, 수소전지, 대안 연료, 에너지 저장, 탄소 포집·저장·활용 분야에 우선순위 부여
- 산업과의 새로운 형태의 협력 추진 및 전략적 가치 사슬 부문에 대한 투자 증진

- 집행위는 지속적으로 배터리에 관한 전략적 행동계획(Strategic Action Plan on Batteries)을 이행하고, 유럽 배터리 동맹(European Battery Alliance)을 지원 계획

④ 에너지 및 자원효율적인 빌딩

- 건축부문은 막대한 에너지 및 광물자원 소비. EU 회원국내 연간 건물 에너지 효율 제고 비율(0.4-1.2%)의 2배 증가 추진
- 집행위는 2020년 중 건물에너지 효율에 관한 법률을 시행할 예정이며, EU ETS(온실가스 배출권 거래제)에 건물 포함 방안 검토

⑤ 지속가능한 스마트 모빌리티로의 전환 가속화

- EU 온실가스 배출의 25%를 차지하고 있는 교통부문의 배출량을 2050년까지 90% 감축 목표
- 집행위는 2020년 중 지속가능한 스마트 수송전략을 마련하고, 2021년까지 철도 및 운하 부문의 운영개선과 시설 확충 방안 제안 계획
- 화석에너지에 대한 보조금 철폐, 해운부문의 EU ETS 편입, 항공부문에서의 무상 할당 배출권 축소, 도로이용에 비용 부과(road pricing) 등 교통 분야에서 가격 체계가 환경에 대한 영향을 보다 잘 반영할 있도록 개선
- 2025년까지 배출제로 및 저배출 차량 1,300만대 달성을 위한 공공 충전시설 100만개 설치

⑥ '농장에서 식탁' 전략(Farm to Fork): 공정하며 건강하고 환경친화적인 식품체계 설계

- 집행위는 2020년 초 농·식품 분야에 친환경기술 도입과 친환경제품 생산 촉진을 위한 'Farm to Fork' 전략을 제안하고, 이해당사자들이 모두 참여하는 토론회 개최 계획

⑦ 생태계와 생물다양성 보전 및 회복

- 2020년 10월 중국 쿤밍에서 개최 예정인 생물다양성협약 당사국회의는 생물다양성 손실을 저지하기 위한 견실한 글로벌 체제 채택의 기회임.(코로나 사태로 인해 제15차 생물다양성 협약 총회는 2021년 5월로 연기)
- 협상에서 주도적 역할을 수행하기 위해 집행위는 2020년 3월까지 생물다양성 전략을, 2021년에는 구체적 실행계획 제안 예정
- 제반 EU 정책은 유럽의 자연 자본(natural capital)의 보존과 회복에 기여해야 함.
- 집행위는 2030 생물다양성 전략에 입각하여 새로운 EU 산림전략을 마련하고 유럽 내 효과적인 산림조성, 산림보존 및 복원 목표 설정 계획
- 항구적 기후변화 해결을 위해서는 자연에 기반한 해결책(nature-based solution) 필요

⑧ 오염 제로 (Zero Pollution)

- 집행위는 2021년 중 대기·수질·토양의 오염제로 실행계획 채택 계획
- 독성 없는 환경을 조성하기 위해 집행위는 지속가능한 화학물질 전략 제안 계획

2. 주요 후속 조치

1) EU 그린딜 재원 조달 및 투자 계획

EU 집행위는 2020년 1월 유럽 그린딜 투자계획(EGDIP: European Green Deal Investment Plan)을 발표하였다. 향후 10년 간 EU 그린딜의 이행하기 위해 최소 1조 유로 및 별도의 공정 전환체계(Just Transition Mechanism)를 위해 2021-27년간 최소 1천억 유로의 재원을 마련하는 내용이다. 집행위는 EU 전체 예산

의 25%를 기후대응 및 환경사업에 투자하여 10년간 총 5,030억불을 지원할 계획이다. EU 예산과는 별도로 EU 배출권 경매 수익의 20%(250억 유로)를 그린딜 투자 기금으로 사용할 계획이다.

한편, 집행위는 InvestEU 프로그램을 통해 2,790억 유로 규모의 민간 및 공공 투자 유인을 기대하고 있다. 아울러 기후변화 및 환경훼손으로 인해 피해를 입는 취약계층 및 지역, 산업을 지원하기 위해 공정전환 기금(Just Transition Fund)을 포함한 1천억 유로(2020-30년간 추정시 1,430억 유로)규모의 공정 전환 체계를 구축할 계획이다.

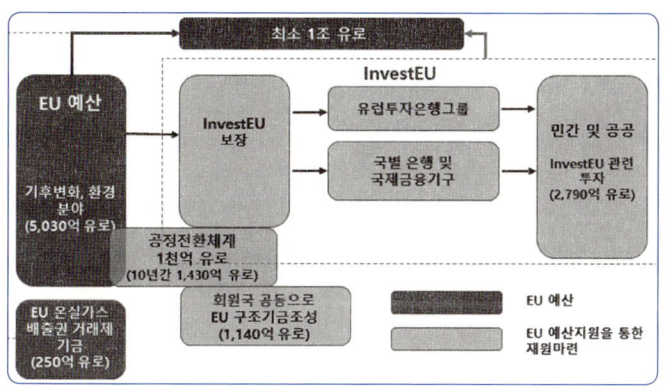

(출처: EU 집행위 자료를 번역한 문진영 외 "유럽 그린딜 관련 국제사회의 주요이슈 및 시사점" 보고서, 2020.3.5.)

2) EU 기후법안 제출

EU 집행위는 2020년 5월 4일 EU 기후법(Climate Law) 초안을 EU 의회에 제출하였다. 초안 서두에 2050 탄소중립 목표를 명시하여 회원국에게 이행을 의무화하고, 국가별 에너지정책과 기후 대응의 통합 계획 수립을 요구하고 있다.

기후법안은 집행위에게 2021년 6월까지 탄소중립 목표에 부합되는 각 분야별 정책과 조치를 마련하고(2조), EU의 제반 법령이 탄소

중립 목표와 부합하는지 여부를 검토하여 필요하면 수정, 보완하고 (5조), 목표 달성을 위한 평가'모니터링'시정조치를 강화하도록 하고 있다(6조). 집행위는 14개월 이내 법안 채택을 추진하고 있다.

기후법안에 명시된 2050 탄소중립목표는 법적 구속력을 가지며, 회원국에게 준수 의무를 부과한다. 이를 통해 투자가 및 주요 경제 주체에게 예측 가능성을 제공할 수 있게 되었다. 집행위는 파리협약 상의 글로벌 감축 이행 검토 주기에 맞추어 5년마다 회원국의 감축 이행 여부를 평가하고 필요한 조치를 권고하게 되어, 기후법 채택 시 회원국의 원활한 이행을 독려하고 기후변화 협상에서 주도적 역할을 할 수 있는 법률적 토대를 갖추게 된다.

기후법에 입각하여 집행위는 EU 전체의 2030-50년간 온실가스 감축경로를 채택할 계획이며, 회원국의 조치가 2050 탄소중립 목표 및 2030-2050 경로와의 부합 여부에 대한 검토를 2023년 9월까지 최초로 실시하고, 이후 5년마다 실시할 계획이다.

3) EU 신산업전략(New Industrial Strategy for Europe) 발표

EU 집행위는 2020년 3월 10일 유럽 신산업전략을 발표하였다. EU의 글로벌 산업경쟁력 강화, 다른 무역 파트너와의 공정경쟁, 2050 탄소중립 목표 실현과 유럽의 디지털 미래 구축을 주요 목표로 설정하고 이를 실현하기 위하여 다음과 같은 관련 조치를 취해나갈 계획이다.

첫째, 국제적 공정경쟁 여건을 조성하기 위한 지재권 실행계획을 수립하고, 지재권 탈취 방지와 녹색 및 디지털 전환을 위한 법적토대 구축

둘째, 경쟁 규범을 검토하여 녹색경제 및 순환경제에 부합되도록 보완

셋째, 외국 보조금의 EU 시장 내 왜곡 효과 시정을 위해 EU 조달 시장 및 금융지원 프로젝트에 대한 외국의 접근 문제를 검토하고 산업보조금과 관련된 WTO 무역규범 강화

넷째, EU 에너지 집약산업의 탈탄소화 및 현대화를 위한 종합 계획을 수립하고, 에너지 전환에 필수적인 주요 전략 원자재 확보를 위한 실천계획 수립

다섯째, EU 산업의 탈탄소화 및 국제적 리더십을 유지하기 위해 그린 수소동맹(Green Hydrogen Alliance)과 저탄소 산업동맹(Alliances on Low-carbon Industries) 구축

집행위는 산업정책 이행의 일환으로 산업의 탈탄소에 기여함으로써 온실가스 저감의 주요 수단이 되는 순환경제 실천계획(New Circular Economy Action Plan)도 발표하였다. 온실가스의 50% 정도가 자원채굴 및 산업공정에서 배출되고 있음에 비추어 EU 내 소비를 줄이고 자재 사용률을 향후 10년 내 2배로 높이기 위한 순환경제가 필수적이다. EU는 순환경제 정책을 통해 2030년까지 0.5%의 추가 경제성장과 70만개의 일자리 창출을 기대하고 있다.

순환경제 실천계획은 상품의 전 생애주기에 대응하는 새로운 접근법을 제시하는 것으로 지속가능한 제품 정책체계, 주요 가치사슬(Value Chains) 산업부문, 폐기물 경감의 3가지 부문으로 크게 나뉜다.

특히, 주요 가치사슬 산업분야인 전자, 배터리, 포장(packaging), 플라스틱, 의류 ,건축·건물 분야를 순환 경제 실현이 필요한 최우선 분야로 인식하고 2021-22년 중 필요한 조치를 취해나갈 계획이다.

주요 예정조치로서 ▲ 2020년 중 폐배터리 수거와 재활용 증진을 위한 규제조치, ▲ 2021년 중 순환 전자 이니셔티브, 재사용과 재활용에 관한 신 EU 의류전략, 플라스틱의 재활용 비율 요건과 자동차 관련 플라스틱 폐기물의 경감 조치, 일회용 포장재 대체 계획, ▲

2022년 까지 폐기물 감축 목표, 폐기물 분리수거와 라벨링에 관한 EU 모델을 채택할 계획이다.

4. 글로벌 그린 딜 확산을 위한 EU 조치

1) EU의 국제적 리더쉽 발휘

그린뉴딜의 핵심 개념인 2050 탄소중립 정책을 추진하거나 입법을 통해 뒷받침하고 있는 국가는 2020년 12월 현재, EU 27개 회원국 외에도 유럽의 영국, 스위스, 노르웨이, 아이슬란드가 있고, 북미의 미국과 캐나다. 남미의 칠레, 코스타리카, 우루과이와 아시아의 한국, 일본, 중국(2060년), 피지, 마샬 아일랜드, 싱가폴(2050년 이후 가능한 조기), 아프리카의 남아공이 있다. 기후위기 대응이 그린뉴딜 추진의 직접적 배경이 되고 있음에 비추어 그린뉴딜이라는 명칭의 사용 여부와 관계없이 2050 탄소중립 목표를 천명한 국가들은 그린뉴딜을 추진하고 있다고 간주할 수 있다.

글로벌 그린뉴딜이 성공하기 위해서는 국제사회의 효과적인 기후변화 대응과 이를 위한 공조와 협력이 필수적이다. EU는 국제적으로 2050 탄소중립 목표를 수락한 국가의 확산과 효과적인 이행을 위하여 EU가 중심적인 역할을 수행하겠다는 의지를 밝히고 있다. 이의 일환으로 1990년 대비, 2030년 중기 온실가스 감축 수준을 기존 40%에서 55%로 상향 조정하였다. EU는 바이든 행정부가 출범하면 2030 감축목표 상향조정의 국제적인 모멘텀이 조성될 것으로 기대하고 있다. 과거 기후변화 협상 과정에 비추어 볼 때 EU와 미국이 온실가스 감축 강화를 공동으로 모색하였을 때 한국을 포함한 선발 개도국들에게 상응하는 노력을 요구했던 사례를 감안할 필요가 있다.

2) EU-중국간 기후변화 대응 고위 협의체 신설

EU는 글로벌 기후변화 대응에 중국과의 긴밀한 상호 협력이 필요하다고 인식하고 있다. 그린딜의 핵심인 1.5도 목표 달성을 위해 온실가스 최대 배출국이며 태양광 패널의 2/3와 전기차의 절반을 생산하고 있는 중국과의 협력이 청정 기술의 글로벌 공급망 관리, 녹색 경제를 위한 국제적 기준 정착에 중요하다. 양측은 2020년 9월 14일 EU-중국 정상회의를 개최하고 기후변화 대응협력 강화를 위한 고위급 대화체(high-level dialogue)신설에 합의하였다.

3) 탄소 국경조정 메커니즘 실시 계획

EU 그린딜에는 탄소 배출에 대한 적절한 규제조치를 취하지 않는 국가들로부터 수입하는 상품에 관세를 부과하는 탄소 국경세(EU는 탄소 국경조정 메커니즘:Carbon Border Adjustment Mechanism 이라고 명명) 실시 계획이 포함되어 있다.

탄소 국경세의 명분으로 탄소 누출현상(carbon leakage) 방지를 들고 있다. 탄소배출 규제가 강한 EU의 산업이 규제가 미흡한 국가들로 이동할 경우 배출원의 이동에 불과하여 글로벌 온실가스배출 정책의 효과를 경감시킨다고 인식하고 있다. 보다 근본적인 이유는 공정경쟁과 산업경쟁력 유지라는 측면에서 EU 수준의 탄소저감 비용을 부담하지 않는 외국 산업으로부터 EU 산업을 보호하기 위함이다.

2020년 4월 EU 의회 대외관계정책국이 발표한 탄소 국경조정 메커니즘 구상에 대한 주요 무역 상대국들의 예상 반응에 대한 보고서에 의하면 2019년 11월 현재, EU 지역 외에 배출권 거래제를 포함하여 탄소세를 시행하는 국가는 21개국이다. EU는 탄소 국경세를 수용할 가능성이 높은 국가(like-minded countries)로 OECD 회원국이며 EU와 무역협정 상대국이며 국내적으로 탄소세를 시행하고 있는 캐나다, 아이슬란드, 노르웨이, 스위스, 한국, 일본, 칠레와 뉴질랜드(현재 무역협정 교섭 중)와 영국을 들고 있다. 이들 외에 EU가 가장 큰 관심을 갖고 있는 국가는 미국과 중국이다.

바이든 당선자의 공약에도 탄소국경세 실시 내용이 포함되어 있어 앞으로 EU의 구상이 탄력을 받을 가능성이 높아지고 있다. 2019년 12월 EU의 그린딜이 발표되자 중국은 즉각적으로 EU의 탄소 국경세가 국제사회의 기후변화 대응 노력을 심각하게 훼손할 것이라고 비판하고, 일방주의와 보호무역주의로 인해 기후변화에 대한 국제적 공동대응 의지가 손상되면 안 된다고 주장하였다. 그러나 EU는 투명한 양자나 다자 협의를 통해 보호무역적 조치 가능성에 대한 우려 해소가 가능하고 보고 있다. 중국이 제도의 효율적 설계에 관한 국제적 협의에는 흥미를 느낄 것이며, EU 시장에 대한 접근권을 상실하는 것보다는 적정한 국경세를 부담하는 것이 더 나은 대안이라고 판단할 것이라고 기대하고 있다. EU는 탄소 국경세를 탄소집약 산업인 시멘트나 철강, 알루미늄, 석유·화학 분야 등부터 우선적으로 실시하는 것을 염두에 두고 있다. 주요 이해관계국 들과 양자와 WTO 채널의 협의를 통해 국제무역 규범과의 상충 우려를 해소하기 위해 노력하고 2021년 중 최종안을 제시할 계획이다.

4) 글로벌 그린딜 확산을 위한 재원 확충

2021년 G7 의장국은 영국이며 이태리가 G20 의장국이다. EU 집행위는 글로벌 그린딜 확산을 위해 개도국의 기후대응 지원에 필요한 국제적 재원 마련을 위해 EU를 위시한 선진국의 리더십 발휘가 필요하다고 보고 있다. 개도국에 대한 재정 지원뿐만 아니라 투자분류체계 정비와, 국제금융기구 및 민간금융기관의 투자결정 과정에서 기후 위기 요소가 충분히 고려되도록 국제적 공시제도 강화 등을 통해 기후대응 사업에 대한 국제 민간 투자가 확대될 수 있는 생태계 조성을 위한 노력도 강화하고 있다.

IV. 한국판 그린 뉴딜 평가

1. 추진 경위

한국판 뉴딜은 미국의 그린뉴딜 및 EU의 그린딜과 취지나 지향 목표 측면에서는 커다란 차이가 없다. 그러나 그린뉴딜이 공식 제기 이전에도 정책의 시행 필요성에 대한 공론화가 이루어져 사회적 공감대가 형성되었던 EU 및 미국과는 달리 한국은 COVID-19 사태 이전에는 그린 뉴딜의 필요성에 대해 공론화가 본격적으로 이루어지지 않았다.

2020년 코로나 확산을 계기로 대규모 재정투입이 불가피한 시점에서 시급한 경기부양, 성장 회복, 고용 창출의 필요성이 우선적으로 부각되었으며 충분한 검토 과정 없이 그린뉴딜 정책이 입안되었다. 따라서 관련 정책 및 법령간의 일관성 점검 및 2050 탄소중립 목표 수용에 따른 추가적 연관 조치가 필요하다.

2. 2050 탄소 중립 목표 이행

문재인 대통령은 10월 28일 2021년 예산안 시정 연설을 통해 2050년 탄소 중립 목표를 수락함으로써 국제사회의 추세에 부응하고 국제적 기후 행동에 기여할 것이라는 긍정적인 평가를 받았다. 2050 탄소 중립 목표를 실현하기 위해서는 중간단계 부터 과감한 온실가스 감축목표 설정과 견실한 이행이 필요하다.

세계경제포럼(WEF)이 발표한 2020년 에너지 전환지수에 의하면 한국은 115개국 중 48위를 차지하였다. 특히 평가 지표 중 평균에 미달하였던 부문은 ▲1인당 이산화탄소 배출량, ▲1차 에너지 총사용량 대비 이산화탄소 배출량, ▲NDC 공약, ▲석탄발전 비중, ▲재생에너지 발전 비중, ▲전력시스템의 유연성 등 14가지 지표이다. EU와 비교할 때 훨씬 어려운 여건에서 탄소 중립을 실현해야 하는 상황이다. 2050 탄소중립 실현의 일차적 관문은 2030 중기감축목표의 대폭 강화이다. IPCC 보고서는 1.5도 이하를 달성하기 위해서는 2030년까지 매년 배출량을 7.6% 감축해야 한다고 지적하고 있어 한국의 2030 감축목표의 대폭 상향조정이 필요하다. 한국판 그린뉴딜 정책 추진 과정에서 우리 시민사회, 환경단체, 국제 기후변화 커뮤니티의 견해가 반영되어왔고 우리 정부도 미흡한 부분을 신속하게 보완, 수용해오고 있는 점에 비추어 이제는 모든 이해관계자들의 의견을 취합하여 2050 탄소 중립 목표를 실현하기 위한 세부 정책 로드맵을 조속히 구축해 나가야 할 것이다.

3. 개도국의 석탄 발전소 지원 문제

기후 위기 대응에 가장 시급한 조치는 전력 생산의 탈탄소화이며 석탄발전소의 조기 퇴출이 시급하다. 한·중·일 3개국은 전 세계 신규 건립 석탄발전소에 대한 금융지원의 80%를 제공하고 있다. 한국은 2020년에도 민간 건설회사, 한전 등 에너지 공기업과 산업은행, 수출입 은행 등 국책 금융기관이 인도네시아와 베트남에 대한 금융지원을 결정하여 국제 환경 커뮤니티로부터 비판과 질타의 대상이 되었는데 과감한 정책 선회가 필요하다.

이러한 관행은 그린뉴딜 추진 취지에도 부합하지 않고, 한국의 대외적 평판과 향후 기후 외교 수행에도 부정적 영향이 우려된다. 화석연료 산업에 대한 투자 철회 운동의 국제적 확산 추세에도 부합되지 않는다. 앞으로 수원국이 정책을 변경하거나 국내 여론 등을 이유로 수명주기 이전에 석탄 발전소를 폐쇄할 경우 한국 투자가에게 큰 손실을 야기하는 좌초자산(stranded asset)이 될 가능성이 높다.

4. 그린 뉴딜법 추진

더불어 민주당은 EU가 추진하고 있는 기후법과 유사한 저탄소 녹색경제 전환을 위한 기반 조성을 위해 그린뉴딜 기본법 제정을 추진 중이다.

우리 정부가 2050 탄소중립 목표를 채택한 만큼 2030-2950년 탄소배출 경로를 설정하고 감축 진전사항에 대한 모니터링, 이행 여부에 대한 평가 등의 제도적 장치를 기본법에 포함시킬 필요가 있다. 또한 장기 감축목표에 부합되도록 '저탄소녹색성장기본법', '지속가능발전법', '에너지기본법', '온실가스 배출권의 할당 및 거래에 관한 법률' 등 관련 입법과의 정합성을 확보하기 위하여 관련 법령의 대대적인 정비가 필요하다.

5. 이해관계자들의 관여 확보

국제적 기후대응의 출발점인 파리협정을 효과적으로 이행하기 위해서는 비국가 행위자(Non-State actors)의 역할이 매우 중요하다. 특히 정책의 실험장인 도시 및 지자체는 그린뉴딜 정책 이행 과정에서 중심적 역할을 수행해야 한다. 지자체의 낮은 재정자립도로 인한 투자 여력이 부족함을 감안하여 지방정부에 대한 재정지원 및 과감한 권한 이양과 역량 지원 등의 조치가 시급하다.

한국판 그린뉴딜은 추진 계획 수립 과정에서 정부 주도로 이루어졌으나, 앞으로 효율적으로 추진되기 위해서는 지방정부, 기업, 시민사회 단체, 교육기관, 연구소, 소비자 단체 등 다양한 커뮤니티를 기후 행동에 동참시키는 것이 필요하다. EU가 구상하는 사회적 협약의 일종인 유럽 기후협약(European Climate Pact)과 같은 협의체 운영을 통해 소비자를 포함한 이해관계자들이 주인의식을 갖고 그린뉴딜의 성공적 이행에 동참하도록 하는 것이 필수적이다.

V. 글로벌 그린뉴딜의 국제적 함의 및 대응

EU의 그린딜은 국제무역과 투자, 개도국에 대한 개발지원 및 채무 유예와 조정, 탄소 가격 부여와 관련한 국제 규범 제정 등 새로운 국제경제 및 무역 질서 창출에도 상당히 영향을 미칠 것으로 전망된다. 특히 2020년 3월 발표된 신 순환경제 실천계획은 EU 회원국의 산업정책 변화를 넘어서는 광범위한 국제적 함의를 내포하고 있다. EU 집행위는 순환경제 실천계획에 입각하여 다음과 같은 국제적 합의를 추진할 계획이다.

1. 순환경제 증진을 위한 국제 동맹 추진

EU 집행위는 2021년 중 글로벌 순환경제 동맹(Global Circular Economy Alliance)의 출범을 제안하고, 천연자원 관리에 관한 국제협약을 제의할 계획임을 천명하였다.

이와는 별도로 플라스틱에 관한 국제조약을 체결하기 위해 선도적인 노력을 경주할 계획이며, 순환경제를 글로벌 차원으로 확대하기 위해 외교를 적극 강화하고 이미 체결되었거나 향후 체결될 FTA 에 순환경제 취지를 반영할 수 있도록 노력할 것이라고 밝혔다.

2. EU 시장 내 제한 조치

EU 산업 정책의 목표는 탈탄소화, 순환경제 이행과 국제경쟁력 확보로서 EU가 구상하고 있는 다양한 시장 규제조치는 외국 기업의 EU 시장 진출 및 회원국내 기업 활동에 막대한 영향을 미칠 것으로 예상된다.

특히 2020년 3월 발표한 신산업정책과 순환경제 실천계획은 주요 산업별 가치사슬의 순환성(Circularity) 증진을 위해 제조 기업에 대해 폐가전제품, 의류, 플라스틱, 포장재의 회수 의무를 부과하고, 강제성이 있는 재활용 부품 사용비율을 설정하고 기준을 급속히 상향조정할 것으로 예상된다. 아울러 EU는 IT 기술을 활용한 전자상품여권(electronic product passport)제도를 통해 제품의 탄소 함유량과 재활용 부품 비율 등의 정보를 제공할 계획이다. 소비자들로 하여금 순환경제에 부합하는 지속가능한 제품의 소비를 유도함으로써 소비재의 글로벌 공급망과 가치사슬의 녹색화 및 탈탄소화를 추진하려는 의도이다.

이러한 EU의 다양한 시장규제 조치 및 지침 등이 시행될 경우 EU 시장에 이미 진출하였거나 진출하려고 하는 우리 기업, 특히 중소기업에게 진입장벽으로 작용하거나 상당한 비용을 부과할 것으로 예상된다. 국내 무역 관련 기관 및 업종별 협회 등을 중심으로 관련 동향을 면밀히 파악하여 적극적으로 대응해 나갈 필요가 있다.

3. 탄소 국경세

EU는 탄소 국경세의 국제적 수용성을 높이기 위하여 제도 설계의 투명성과 절차적 공정성을 유의하여 추진할 것을 공약하고 있다, EU는 우리를 포함한 주요 무역 상대국과의 양자 협의와 WTO 채널 등을 통해 절차적 정당성을 유지하면서 EU와 연대할 수 있는 동조국가 (like-minded countries)를 확보해 나갈 것으로 예상된다, 바이든 신 행정부와는 EU 및 미국 산업의 경쟁력 확보와 공정경쟁 (level-playing field) 이라는 명분으로 연대하여 공동으로 탄소 국경세를 실시할 경우, 국제무역에 상당한 파급력이 예상된다.

이미 2020년 6월 WTO 상품무역 이사회에서 1차적인 논의가 이루어졌다. 우리 정부는 탄소세의 설계 및 대상 분야 선정, 보호무역주의적 요소 배제, 개도국에 대한 차등적 적용 등 정책 논의 초기 단계부터 적극적으로 참여할 필요가 있다. 우리 산업계의 의견을 수렴하여 제도 설계 단계부터 참여하는 등 능동적으로 대응하는 것이 바람직하다. 한국은 2015년부터 배출권 거래제를 통해 국제사회의 탄소 가격제 이행 추세에 부응하고 있으므로 앞으로 배출권 거래제를 통해 국내적으로 탄소세 시행을 강화해 나가고 이러한 우리나라의 노력을 EU를 포함한 국제사회에 적극적으로 알려 인정받을 필요가 있다.

VI. 맺음말

기후위기 대응에서 출발한 미국과 EU의 그린뉴딜 정책은 글로벌 그린뉴딜을 견인하여 화석연료를 기반으로 하는 에너지 시스템의 전환과 산업 질서의 대변환을 가져올 것으로 전망된다. 또한 고용 없는 저성장, 소득 불평등의 심화와 사회적 불공정을 해소할 수 있는 새로운 기회를 제공하고 있다. 한편 글로벌 그린뉴딜의 추진 과정은 국제 경제와 무역의 틀을 바꾸는 산업 표준과 첨단 기술의 각축장이 될 것이다. 그린뉴딜의 국제적 함의를 면밀히 분석하고 효과적인 대응방안 마련이 요구된다.

우리정부는 한국판 그린뉴딜 준비에 충분한 시간적 여유를 갖지 못하였으나 후속조치를 속도감 있게 취해나가고 있다. 그러나 당면한 도전의 수준과 심각성에 비추어 지금과 같은 하향식 접근방식으로는 기대하는 효과를 거두기 어렵다. 탈탄소화를 위한 획기적인 재생에너지 비중 확대와 산업의 순환경제를 실현하기 위해서는 지속 가능한 생산과 소비의 주체인 기업과 소비자의 능동적인 참여가 필수적이다. 이들을 포함하는 사회적 협의체가 필요하다. 한국판 그린뉴딜이 성공을 거두기 위해서는 기후위기 및 누적된 사회경제적 위기 대응에 투입되는 비용을 훨씬 상회하는 삶의 질 향상과 사회경제적 혜택에 대한 구체적인 비전이 명확하게 제시되고, 효율적인 소통을 통해 공동대응에 대한 국민적 공감대가 필요하다.

* * * * * *

참고 문헌

<국문>

문진영 외, "유럽 그린딜 관련 국제사회의 주요 이슈 및 시사점", 오늘의 세계경제, Vol.20, No.8, KIEP, 2020.3.5.

문진영 외, "그린뉴딜 관련 국제사회의 대응과 시사점", KIEP, 2020.8.31.

박기령, "그린뉴딜의 목적과 입법과제 그리고 법규범의 역할", 한국법제연구원 Fall 2020, Vol. 68, 2020.9.1

장영욱, 오태현, 이현진, 윤형준, "유럽 그린딜이 한국 그린뉴딜에 주는 정책 시사점", KIEP, 오늘의 세계경제, Vol.20 No.24, 2020.9.29.

<영문>

Davenport, Coral, "Biden Pledges Ambitious Climate Action. Here's What He Could Actually Do," New York Times, Oct. 25, 2020

European Commission(2020.3.11), COM(2020) 98 final, "A new Circular Economy Action Plan: For a cleaner and more competitive Europe,"

https://eur-lex.europa.eu/legal-content/EN/TXT/?qid=1583933814386&uri=COM:2020:98:FIN

European Commission(2020.3.10.),COM(2020)102 final. "A New Industrial Strategy for Europe,"

https://eur-lex.europa.eu/legal-content/EN/TXT/?qid=1593086905382&uri=CELEX:52020DC0102

European Commission (2019.12.11.),COM(2019)640 final, "The European Green Deal," https://eur-lex.europa.eu/legal-content/EN/TXT/?uri=CELEX%3A52019DC0640

Glueck, Katie and Lisa Friedman, "Biden announces $2 trillion climate plan", New York Times, Aug.14, 2020

https://www.nytimes.com/2020/07/14/us/politics/biden-climate-plan.html

Hutfilter, Ursula, Ryan Wilson, Matthew Gidden, Gaurav Ganti, Deborah Ramalope, Bill Hare, "Transitioning towards a zero-carbon society: science-based emissions reduction pathways for South Korea under the Paris Agreement", Climate Analytics, May 2020

Lehne. Johanna and Oliver Sartor, "Navigating the politics of Border Carbon Adjustments, E3G, Sep. 2020

Sapir. Andre, Henrik Horn, "Political assessment of possible reactions of EU main trading partners to EU border carbon measures," Policy Department for External Relations, Directorate General for External Policies of the Union, European Parliament, April 2020

https://op.europa.eu/en/publication-detail/-/publication/6bca1016-e28a-11ea-ad25-01aa75ed71a1/language-de

"The Biden plan to build a modern sustainable infrastructure and an equitable clean energy future." July 23,2020 https://joebiden.com/clean-energy/

US Congress. H. Res.109(2019-2020), "Recognizing the duty of the Federal Government to create a Green New Deal," Introduced in House(02/07/2019), https://www.congress.gov/bill/116th-congress/house-resolution/109/text

코로나19와 한국의 중견국 외교

김 상 배

I. 코로나19 시대의 한국 외교, 무엇을 해야 하나?
II. 코로나19는 새로운 종류의 국가안보 위험이다
III. 미국과 중국의 국제 리더십은 실종됐는가?
IV. 글로벌 보건 거버넌스의 구조적 공백?
V. 중견국 외교의 딜레마인가 기회인가?
VI. '매력발산'과 '내편 모으기'의 기회와 과제
VII. 보건안보 분야 글로벌 및 지역 거버넌스 참여
VIII. 보건안보의 '서울 프로세스'는 가능한가?

코로나19와 한국의 중견국 외교

I. 코로나19 시대의 한국 외교, 무엇을 해야 하나?

2020년 상반기를 강타한 코로나19 사태는 세계정치에 큰 변환을 야기한 획기적인 사건 중의 하나로 기록될 것이다. 국제안보의 관점에서 볼 때, 1991년 소련이 붕괴하면서 냉전 질서에서 탈냉전(Post-Cold War) 질서로의 변환을 겪었고, 2001년 9.11 테러가 발생하면서 근대 질서에서 탈근대(Post-modern) 질서로의 변환이 발생했다면, 2020년 코로나19 사태는 '인간 중심 질서'에서 '탈인간(Post-human) 질서'로 변환하는 시대극의 서막을 열지도 모른다는 전망마저 낳고 있다.

국제정치경제 분야에서도, 코로나19 사태는 1997년 동아시아 금융위기나 2008년 글로벌 경제위기에 버금가는 충격을 가할 것으로 예견된다. 그런데 1997년의 동아시아 금융위기는 주로 동아시아 국가들과 관련된 국지적인 파장을 낳았고, 2008년의 글로벌 경제위기는 주로 자본주의 시스템 내에서 발생한 위기여서 국제협력의 메커니즘이 작동할 수 있었다면, 이번 코로나19의 경제위기는 팬데믹이라는 외생 변수에 의해서 유발되었을 뿐만 아니라 아직은 국제협력의 전망도 요원해 보여서 그 충격이 더할 것으로 예견된다.

코로나19 사태는 '과도한' 지구화의 부작용과 이에 역행하는 세계 각국의 자국중심주의적 대응 때문에 발생하고 증폭된 문제라고 할 수 있다. 그러나 역설적으로 이러한 문제를 풀기 위해서는 적절한 국제협력의 메커니즘을 구축하고 작동시켜야 한다. 그럼에도 현재 미국과 중국으로 대변되는 강대국들은 팬데믹에 대응하는 국제협력의 리더십을 발휘하지 못하고 있다. 오히려 코로나19 사태를 통해서 미국의 리더십 약화는 더욱 두드러지게 나타났으며 예전과 같은 패권국의 역할을 수행할 의지가 없는 것으로 보이기까지 했다. 그럼에도 아직은 중국이 그 빈자리를 메우면서 약진하여 글로벌 리더십을 발휘하리라는 신뢰를 얻지는 못하고 있다. 코로나19 사태를 거치면서 미중과 같은 강대국이 나서서 위기를 해결했던 과거의 모델이 훼손되는 상황에서 이른바 'G0 시대'의 가능성도 거론되고 있다.

이렇듯 글로벌 리더십의 공백이 우려되는 상황에서 강대국 주도의 글로벌 거버넌스를 넘어서는 새로운 국제협력 모델에 대한 관심이 커지고 있다. 코로나19 이후의 세계정치가 자국중심주의적 후퇴를 드러낼지라도 궁극적으로는 협력과 공조의 외교를 펼쳐나갈 수밖에 없다는 점에서 강대국들의 편향된 시야를 넘어서는 새로운 비전이 요청되는 것이 사실이다. 이러한 일환으로 최근 강대국들이 한발을 뺀 국제협력과 글로벌 거버넌스의 장에서 중견국들의 외교적 역할에 대한 기대와 전망이 높아지고 있다.

미국과 중국으로 대변되는 '거대 행위자들'이 세계질서의 운영을 담당했던 기존 글로벌 거버넌스 모델의 약화가 예견되는 가운데 한국과 같은 중견국이 리더십을 발휘할 여지는 있는가? 글로벌 외교 분야에서 한국의 코로나19 대응 사례는 중견국으로서 한국의 역할을 높일 기회로 인식되고 있다. 향후 사태의 진전을 좀 더 지켜봐야 하겠지만, 적어도 현재까지는 이러한 한국 모델이 세계인의 관심을 끌 충분한 가치가 있다고 할 수 있다. 이러한 문제의식을 바탕으로, 이 글은 코로나19의 대응 경험을 살린 한국의 중견국 외교가 무엇을 할 수 있는지, 그리고 그 추진과정에서 유의해야 할 점은 무엇인지 등에 대해서 살펴보고자 한다.

II. 코로나19는 새로운 종류의 국가안보 위험이다

코로나19는 '양질전화(量質轉化)'의 과정과 '이슈연계'의 메커니즘을 거쳐서 창발하는 '신흥안보'(emerging security)의 위험으로서 '지정학적 임계점'을 넘어서 국가안보의 문제로 인식된다(김상배 편, 2016). 미시적 차원에서 보면 어느 한 개인이나 집단이 감기에 걸리는 문제로 이해될 수도 있지만, 그 양이 늘어나서 일정한 질적 임계점을 넘게 되면 국민건강과 지역 및 국가적 차원의 보건안보 문제가 되고, 여기에 더 나아가 여타 신흥안보의 이슈들과 연계되면서 국가안보를 논할 정도의 문제로 그 위험이 증폭되기도 한다. 코로나19는 단기간 내에 빠른 속도로 확산되어 전세계적 대유행을 초래하며 글로벌 차원에서 인류의 생존을 위협하고 있다. 이러한 양질전화-이슈연계-지정학의 창발 메커니즘은 단계적으로 발생한다기보다는 서로 중첩되어 동시에 일어나는 성격의 현상이지만, 이 글에서는 논리적 분석틀의 마련을 위해서 다음과 같은 세 단계로 구분해서 이해하였다(<그림-1> 참조).

첫째, 양질전화의 관점에서 볼 때, 코로나19는 풍토병(endemic) 단계의 '우한 폐렴'이 팬데믹으로 창발한 사례이다. 이러한 과정에서 코로나19는 단순한 바이러스만을 의미하는 것이 아니라 바이러스와 물리적 환경, 그리고 이와 공진화(co-evolution)하는 숙주인 인간과의 관계 속에서 이해되어야 한다. 더 나아가 현재의 코로나19 사태는 지구화로 인해서 확장된 인간 행위자들의 네트워크와 그 저변에서 작동하는 교통·정보·커뮤니케이션 네트워크가 복합적으로 작용하여 발생했다. 코로나19는 바이러스와 인간, 그리고 물리적·커뮤니케이션 네트워크가 함께 구축하는 복합체의 대표적인 사례이다. 이렇게 본 코로나19의 행위자-네트워크는 안보위협의 주체이자 동시에 객체로 작동하게 된다는 점에서 기존의 '전통안보 현상'과는 다른 구도에서 이해되어야 한다.

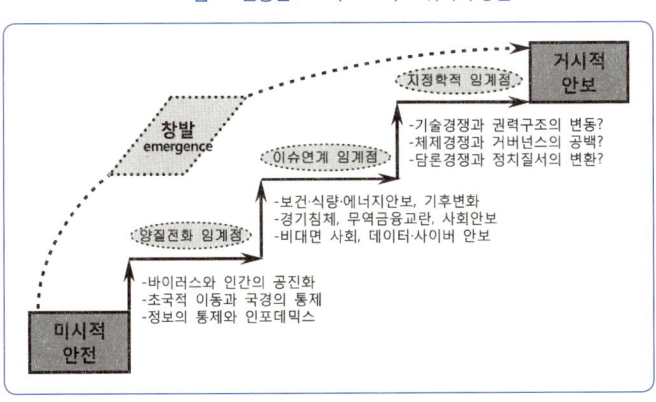

<그림-1> 신흥안보로서 코로나19 위기의 창발

출처: 김상배(2020), p.56

둘째, 이러한 과정을 통해서 창발한 신흥안보로서 보건안보의 위협, 특히 코로나19는 그 높은 전염력과 변종능력만으로도 기존의 보건시스템을 와해시킬 정도의 위기 상황을 낳았다. 보건안보의 위기에만 그치지 않고 사회경제 시스템 전반을 붕괴시킬 가능성을 제기했다. 실제로 보건안보 문제로서 코로나19 사태는 다양한 사회경제적 이슈들과 연계되면서 그 막대한 영향력을 과시하고 있다. 코로나19의 확산으로 인한 통제로 인해서 경기침체가 야기되고 무역·금융·산업이 교란되는 상황이 발생했다. 정치사회적 차원에서 개인정보 보호와 인권 침해의 논란이 벌어지기도 했으며, 에너지, 식량, 기후변화 등의 분야에서 예기치 못한 위기가 발생할 가능성을 우려케 했다. 어느 한 분야에서 시작된 위험이 이슈연계의 메커니즘을 타고서 국가 전반의 영역으로 확장되는 신흥안보의 속성이 코로나19에서 그대로 발견되었다.

끝으로, 거시적 차원에서 볼 때, 코로나19의 세계적 대유행은 지정학적 임계점을 넘어서 국가 행위자들 간에 외교안보 갈등을 야기하고 있다. 그 사례가 최근 두 강대국 미국과 중국의 갈등에서 나타났다. 글로벌 패권을 놓고 벌어지는 미국과 중국은 지난 수년간 광범위한 분야에 걸쳐서 다양한 경쟁을 벌이고 있다. 2019년 이후 첨단 부문에서 벌어진 기술패권 경쟁만 보더라도, 미중경쟁은 이른바 '사이버 라운드'와 '화웨이 라운드', 그리고 '데이터 라운드'로 진화해 왔으며, 그 경쟁의 예각이 '코로나 라운드'에서 맞붙고 있는 형국이다. 코로나19 국면에서 드러나는 특징은, 미중 국력의 상대적 격차에 주목하던 기존의 관점이 미중 양국의 체제가 지닌 위기해결 역량의 차이로 이동했다는 것이며, 코로나19 사태의 해법을 놓고 양국의 글로벌 리더십 경쟁으로 발전하고 있다는 사실이다.

III. 미국과 중국의 국제 리더십은 실종됐는가?

코로나19의 발생과 수습 국면에서 미중 양국의 리더십도 도마 위에 올랐다. 1956년 수에즈 운하 사건으로 영국의 리더십이 일거에 사라졌던 것처럼, 미국의 리더십도 코로나 사태로 인해 빠른 속도로 약화될 수 있다는 경고가 제기됐다(Campbell and Doshi, 2020). 국내 거버넌스, 글로벌 공공재의 제공, 위기협력의 결집·조정 역량 등에 기초한 미국 리더십의 정당성이 손상될 가능성이 있다는 것이었다. 실제로 트럼프 행정부는 코로나19 사태의 와중에도 2021년 대외원조 예산을 21% 삭감하기로 결정했는데, 이 중에는 글로벌 보건 프로그램 지원금의 35% 삭감이 포함되었으며, WHO 지원금도

50% 삭감되었다. 또한 2020년 3월에 개최된 G7과 G20 화상회의에서 '우한 바이러스' 표현의 삽입에 대한 미국의 무리한 주장 때문에 공동선언 합의가 실패하기도 했다.

이는 2008년 금융위기와 2014년 에볼라 위기 당시 미국이 리더십을 발휘했던 것과 대조적 상황이었다. 사실 2014년 미국의 오바마 행정부는 질병과 바이오 테러 등에 대한 국제적 대응을 모색하는 글로벌보건안보구상(GHSA)의 수립을 주도했던 바 있다. 2014년에 미국이 주도해 만든 GHSA는 5년에 걸쳐 감염병 대응과 글로벌 보건안보를 위한 글로벌 플랫폼을 구축하는 것을 목표로 하였고, 2017년 캄팔라 선언을 통해 GHSA의 임무를 2024년까지 5년 더 연장하기로 했었다. 그러나 트럼프 행정부 출범 이후 백악관 보건안보 대응팀이 해체되면서 GHSA의 기능도 사실상 중단되었다(조한승, 2019).

중국도 책임 있는 리더십을 보여주지 못했음은 마찬가지였다. 사실 코로나19 발생 초기 중국이 신속하고 투명하게 감염병 확산과 관련된 정보를 공개하고 국제사회의 협력을 구했다면, 미국을 대신해서 중국이 지구화 시대의 무대를 주도할 새로운 주역임을 보여줄 수 있었을지도 몰랐다. 그러나 WHO에 대한 중국의 비공식적 압력, 방역과정에서의 비민주적 인권유린, 시진핑 리더십에 대한 찬양, 통계자료에 대한 통제 등에서 중국이 보여준 모습은 전 세계인들로 하여금 중국이 글로벌 리더의 자격이 있는지에 대해 깊은 의문을 갖게 했다. 미국과 유럽의 약화와 후퇴는 명확한 사실이었지만, 이것이 곧 중국의 약진을 의미하는 것은 아닌 것으로 비쳤다(Green and Medeiros, 2020).

코로나19 사태 이후 미국과 중국 모두 글로벌 리더십을 발휘하지 못하는, 이른바 'G0'의 상황이 우려되고 있다. 미국은 스스로 글로벌 리더의 자리에서 내려오는 모습이고, 중국은 아직 국제사회의 신뢰를 얻지 못한 상황이다. 과거 국제사회는 글로벌 차원의 위기를 겪은 뒤 유사한 위기의 재발에 대한 효과적 대응 및 방지를 위해 다자주의적 대안을 모색한 바 있다. 예를 들어, 9.11 테러 이후에는 전 세계가 알카에다의 테러 위협에 공동 대처하는 모습을 보여 주었다(Gvosdev, 2020). 2008년 금융위기 이후에는 G20 정상회의가 창설되어 현재까지 유지되고 있다. 이러한 과거의 경험과 비교해 볼 때, 코로나19 사태로 인해서 발생한 글로벌 위기에 대응하는 과정에서 미국이나 중국의 리더십은 실종된 모습을 보여주고 있다.

미국과 유럽 모두 코로나 이후 다자 간 국제협력에 나설 의지와 능력이 없는 것으로 보이는 상태에서는 유엔의 역할에 대한 기대가 커질 가능성도 있다. 실제로 유엔은 2014년 서아프리카 에볼라 바이러스 사태 발생 직후 안보리 결의안을 채택하고 이 사태가 국제평화와 안보에 대한 중대 위협임을 선언하고 긴급대응에 나서 글로벌 보건위기에 대응하는 다자협력의 좋은 선례를 남긴 바 있다. 그러나 유엔 안보리는 코로나 관련 결의안도 채택하지 못한 채 공전을 거듭했다. 미국이 안보리 결의의 전제조건으로 '우한 바이러스' 명시를 고집하고, 중국이 코로나19 이슈를 안보 이슈로 확대하는 데 거부감을 나타낸 것이 주된 이유였다.

사실 최근 수년간 세계정치의 무대에서 국제레짐은 퇴조하는 경향을 보이고 있다. 미러 중거리핵전력(INF) 조약 폐기, 미국의 미-이란 핵합의(JCPOA) 탈퇴, 미국의 파리기후변화협정 탈퇴, NPT 체제의 약화, 자유무역 국제레짐의 약화 등이 주요 사례이다(이상현, 2020). 코로나19 대응 국면에서도 글로벌 보건문제를 관장하는 WHO는 정치적 편향성을 보였다는 비판에 직면했으며, WHO에 대한 미국의 지원중단까지 거론되었다. 기존의 국제레짐이 신뢰를 얻지 못하고 새로운 국제레짐의 창설도 여의치 않은 상황이 국제협력의 어젠다를 주도할만한 국가의 부재 현상과 맞물리면서, 향후 글로벌 거버넌스가 제대로 작동하지 않을 가능성이 우려되고 있다. 상황이 이렇다 보니 코로나19 사태가 진정국면으로 들어서더라도 위기 재발 방지와 n-차 전파 대응을 위한 국제공조 시스템을 구축하기는 쉽지 않아 보인다.

IV. 글로벌 보건 거버넌스의 구조적 공백?

코로나19 이전부터 세계보건기구(WHO)는 글로벌 보건 거버넌스의 중심적 역할을 수행해 왔다. 국제보건규칙(IHR)을 제정하여 방역체계에 대한 국제적 협력을 추진하는 한편, 각국 보건당국과 함께 각종 감염병을 예방, 통제, 치료, 퇴치하는 다양한 사업을 전개해 왔다. 특히 사스(SARS) 사태를 겪으면서 각국의 질병정보 보고를 의무화하는 IHR을 개정하는 성과를 거두었다. 그런데 이번 코로나19 국면에서 이러한 WHO 차원의 글로벌 보건 거버넌스가 제대로 작동하지 않았으며, WHO가 정치적 편향성을 보였다는 비판에 직면했다. 결과적으로 글로벌 거버넌스 내에서 WHO의 중심적 역할은 약화될지도 모른다는 전망이 제기되었다.

더 큰 문제는 미중이 다자주의적 국제협력의 메커니즘을 재가동하려는 노력을 펼치기보다는 오히려 각자 자신들의 동맹진영을 결속하려는 경향을 보였다는 사실이다. 그러나 미국과 중국 모두 코로나19에 대응하는 동맹외교의 추진에 있어서 의도했던 결과를 얻지는 못했다. 특히 코로나19의 미국 내 확산방지를 이유로 30일간 유럽인들의 입국을 금지하기로 한 트럼프 대통령의 결정은 유럽 지도자들을 실망시켰다. 유럽의 동맹국들과 사전 상의나 통보도 없었던 전격적인 조치였다. 중국도 '의료 실크로드' 구축을 내세워 이른바 '마스크 외교'(mask diplomacy)를 펼쳤지만, 이런 중국의 행동에 대한 국제사회의 시선도 곱지는 않았다. 우한에서 발생한 코로나19

정보를 중국이 제대로 공개하지 않아 사태를 키운 상황에서, 뒤늦게 코로나19 대응책을 전파하면서 오히려 중국의 영향력을 확대하려는 기회로 삼고 있다는 비판적 인식이 부상했다.

미국과 중국의 신뢰성에 적지 않은 타격이 가해진 만큼, 인도·태평양 전략이나 일대일로(一帶一路) 구상과 같이 미중을 중심으로 추진되었던 다자·지역협력의 이니셔티브도 그 추동력을 상실할 가능성이 있다. 글로벌 리더십의 장주기 이론에서 말하는 '탈정당화'(delegitimization)를 넘어서 '탈집중화'(decentralization)의 국면에 접어든 미국의 지도력에도 한계가 드러났다. 이러한 상황에서 중국이 코로나19 발원지라는 '중국 책임론'을 코로나19 해결사라는 '중국 공헌론'으로 바꾸기에는 갈 길이 멀다. 어느 국가도 자국의 안전이나 이익을 보장할 만한 확실한 신뢰를 주지 못하는 현실에서는 공연히 무리한 '줄서기'를 하는 것보다 한 발짝 뒤로 물러선 '국제적 거리두기'(international distancing)가 득세할 가능성이 크다(차두현, 2020).

코로나19 사태 속에서 전세계적 개방성의 후퇴와 폐쇄적 고립주의의 대두를 목격하고 있다. '열린 국경'의 원칙을 내세우며 여권 심사 없이도 자유로운 이동을 보장했던 유럽연합 회원국들도 국경을 봉쇄하고 사람들의 이동을 통제하고 있다. 코로나 사태는 '미국 우선주의', 브렉시트 등과 같은 보수주의적인 포퓰리즘의 확산을 가속화시킬 것이다. 이러한 와중에 신자유주의적 지구화의 와해와 다자주의의 퇴조가 점쳐지기도 한다(Farrell and Newman. 2020). 현실주의 국제정치이론의 시각에서 보면, "코로나 팬데믹은 개별국가 단위의 권력을 강화하고 민족주의의 재발흥"을 부추기고 있다(Walt, 2020). 그렇지만 개방의 문제는 개방의 해법으로 풀어야 한다는 자유주의 국제정치이론의 전망도 없지 않다. 바이러스의 확산이 사라지면 다시 국가들은 일상으로 돌아가 협력을 통해 자국의 이익을 추구하려 할 것이기 때문이다.

그러나 이러한 상황은 일종의 글로벌 거버넌스의 공백을 발생시키고 있다. 글로벌 거버넌스의 공백을 메우기 위해서 2008년 위기 이후 G20가 일종의 '제도적 혁신'을 이루어냈다면, 지금도 그러한 제도적 혁신이 절실히 필요한 시기임이 분명하다. 예를 들어, 'G0'를 넘어서는 이른바 '포스트-G20' 모델의 모색이 필요하다. 그러나 현재 코로나19를 해결하기 위한 미중의 리더십은 실종되고 새로운 제도적 혁신의 길은 요원하다. 강대국 주도의 모델을 넘어서는 새로운 발상의 메커니즘이 필요할 수도 있다. 이는 글로벌 리더십을 발휘하는 국가가 없이도 그 부담과 책임을 공유할 복수의 국가들의 협업모델일 수도 있다. 더 나아가 'G-n' 형태의 선진국, 중견국, 또는 개도국 정부 간의 협의체가 가동하는 복합모델일 수도 있다.

V. 중견국 외교의 딜레마인가 기회인가?

코로나19 사태로 인해서 발생한 글로벌 보건 거버넌스의 변화는 한국의 중견국 외교에 새로운 딜레마와 기회를 동시에 제공할 것으로 보인다. 코로나19로 인해서 더욱 가속화되고 있는 미중 패권경쟁의 틈바구니에서 한국은 한미동맹과 한중협력이라는 국가안보가 걸린 두 가지 과제 사이에서 표류할 가능성이 있다. 특히 무역전쟁의 악화와 글로벌 공급망의 탈동조화(decoupling)로 대변되는 미중 전략경쟁의 가속화는 한국에 일종의 '구조적 딜레마'를 안겨 줄 가능성이 없지 않다. 그러나 시야를 좀 더 넓혀서 보면, 코로나19 위기로 인한 세계정치의 구조변동은 선진국과 개도국, 민주주의와 권위주의, 민간 주도 모델과 정부 주도 모델, 지구화와 민족주의, 그리고 서구의 개인주의와 동아시아의 공동체주의 사이에서 한국이 운신할 공간의 폭을 늘려 놓은 점도 없지 않다.

코로나 방역과정에서 드러난 성과는 중견국의 리더십을 거론케 하는 토양이 되었다. 예를 들어, 방역 과정에서 축적된 데이터와 정보는 국제사회에 유용한 지적 자산을 제공할 것으로 기대된다. 선진국들이 백신 개발과 같은 하이엔드에 주목했다면, 중견국으로서 한국은 실용적인 로우엔드에 초점을 맞추었다. 진단키트 기술의 개발과 그 활용의 경험은 세계인의 관심을 끌기에 충분했다. 또한, 코로나19 바이러스의 해외유입에 대처한 한국의 출입국 관련 조치는 무작정 국경을 봉쇄하지 않아도 적절한 방식으로 국경통제의 프로토콜을 마련할 수 있음을 보여주었다. 이러한 과정에서 한국 사례의 우수성을 일방적으로 주장하는 단편적인 발상을 넘어서 한국의 특수한 경험을 국제사회의 보편적 과제 해결과 연결시키는 성찰적인 태도가 필요함은 물론이다.

코로나19 국면에서 한국의 국가 이미지는 크게 개선되는 효과가 나타났다. 미국과 중국의 한국에 대한 여론도 모두 좋아지는 경향을 보였다. 2020년 초반 한미관계는 방위비 분담 협상 문제로 마찰을 빚기도 했다. 그럼에도 코로나19 대응에 대응하는 한국의 사례가 소개되면서 미국 언론의 한국에 대한 보도는 긍정적인 논조를 드러냈다. 중국발 코로나19의 한국 유입이라는 열악한 상황에서도 한중관계도 그리 나쁘지 않았다. 코로나19의 발생 이후 2020년 2월까지 한중관계의 여론이 악화되었으나, 3월 이후 양국 모두 방역에 상당한 성과를 내기 시작하면서 개선되는 조짐을 보였다. 국내 일부에서는 코로나19의 중국책임론을 제기했으나, 언론의 지평 전반에서는 중국에 대해 상대적으로 우호적인 분위기가 나타났다.

그러나 다른 한편으로는 코로나19 국면에서 나타난 미중갈등과 양국의 외교적 행보는 한국에 고질적인 딜레마 상황을 안겨줄 조짐을 보였다. 이러한 상황은 미국이 추구한 동맹외교의 행보로 인해서 불거졌다. 코로나19 회복 국면에서 미국의 트럼프 대통령은 G7을 개편하는 과정에서 한국, 호주, 인도, 러시아를 초청하여 이른바 G11

으로 확대하는 제안을 했다. 또한, 미국과 중국의 공급망이 탈동조화(decoupling)되는 추세 속에서 미국은 한국도 이른바 경제번영네트워크(EPN)에 참여할 것을 제안하기도 했다. 개방성, 법치, 투명성이란 원칙에 기반을 둔 국가, 기업, 시민사회 단체들로 구성된 포괄적 동맹에의 참여를 제안한 것이었다.

한국으로서는 이러한 미국의 제안을 액면 그대로 받아들일 수 없는 고충이 있다. 특히 G7을 넘어서 G11을 논하는 과정에서 중국이 빠지는 모양새가 부담된다. 만약에 한국이 G11이나 EPN과 같은 미국 주도의 동맹 네트워크에 참여할 경우, 중국으로부터 제기될 가능성이 있는 보복성 대응에 어떻게 대처할 것인가? 과거 사드 배치 사태나 화웨이 사태의 경우와는 달리, 중국에 대해서 한국의 입장을 설명하고 설득할 논리를 개발할 수 있을까? 미국이 G11이나 EPN에는 참여하라고 요구하면서도 그로 인해 발생할 수 있는 '중국으로부터의 피해'를 막아주는 안전망 제공의 약속이 없는 상황에서 중견국 한국의 고민은 깊어질 수밖에 없다.

VI. '매력발산'과 '내편 모으기'의 기회와 과제

코로나19 국면은 공공외교의 추진이라는 차원에서 국가적 '매력발산'의 기회를 열어주었다. 진단키트의 기술력이나 드라이브 스루 진단검사의 도입, 해외 발병국가 체류 교민의 국내 이송 과정 등은 성공적 방역국가의 이미지를 높였다. 이른바 마스크 외교의 추진이라는 차원에서도 진단키트의 해외 지원 및 수출, 한국전쟁 참전국 및 해외 입양인에 대한 마스크 지원 등의 조치는 인도적 국가로서의 이미지를 홍보하는 계기가 되었다. 좀 더 근본적으로는 코로나19의 대응 과정에서 한국 의료의 우수성에 대한 인식이 높아지면서 의료

강국으로서 이미지도 넘보게 되었다. 이른바 '코로나 정책한류'라는 이름으로 개방성, 민주성, 투명성, 신속성, 혁신성 등으로 대변되는 한국의 국가 브랜드를 알리는 홍보전략이 전개되었다.

그러나 이러한 코로나 정책한류의 전파를 국가 이미지 개선에 무리하게 연결해서는 안 된다는 비판적 지적도 제기되었다. 코로나19 사태를 통해서 얻은 "국가적 성취는 장기적인 국가평판에 대한 '저축'으로 간주해야지 당면한 외교공간에서 사용할 화폐로 '현금화'하려면 역효과를 낳게 될 것"이라는 지적이었다(박종희, 2020, p.6). 마스크 외교라는 이름 아래 진행된 중국의 의료품 지원활동이나 지구적 공공재의 제공 활동이 결국에는 유럽 국가들의 냉랭한 반응으로 귀결되었다는 사실을 명심해야 할 것이다. 국제사회가 한국의 코로나 대응정책으로부터 배우겠다는 것의 의미가 무엇인지를 성찰하는 노력이 병행되어야 할 것이다.

한편, 코로나19 사태는 '내편 모으기'를 목표로 하는 중견국 연대외교의 관점에서 볼 때도 한국이 국제협력의 과정에서 중요한 외교적 역할을 담당하고, 특히 코로나19 이후의 글로벌 보건 거버넌스 과정에서 중견국으로서의 외교적 리더십을 발휘할 기회를 제공하였다. 향후 글로벌 보건 거버넌스의 원활한 가동을 위한 국제협력의 구체적인 형태는 다양하게 나타날 것이다. 현재 각국 정부간 협의체의 협력, 국제기구 차원의 노력, 민간기업, 자선재단, 시민사회 등이 나서는 초국적 민간협력, 지역 차원의 협력 등이 진행되고 있다. 특히 이러한 과정에서 강대국의 리더십에 의존하는 기존 모델을 넘어서자는 제안들이 등장하고 있다.

예를 들어, 2020년 4월 15일 케빈 러드 전 호주 총리는 미중 간 대치 상황을 감안하면 다른 국가들이 글로벌 거버넌스 개혁을 주도해야 한다고 주장하면서 독일, 프랑스, 유럽연합, 일본, 캐나다, 싱가포르, 호주가 참여하는 'M(Multilateral)-7' 구성을 제안했다. 2020년

4월 16일에는 독일이 자국이 주도하여 구성한 다자주의 동맹을 기반으로 24개국이 참여하는 '코로나19 극복을 위한 다자주의 동맹 공동선언'을 발표하기도 했다. 2020년 6월에는 코스타리카가 주도한 WHO의 '행동을 위한 연대 요구'(Solidarity Call to Action)에도 코로나19 대응의 기술과 지식의 공유 주장이 담겼는데, 중남미, 아프리카, 남아시아 국가 37개국이 참여했다.

한국도 2020년 5월 12일 '글로벌 보건안보 우호국 그룹'의 출범을 주도하여 캐나다, 덴마크, 시에라리온, 카타르 등과 더불어 보건안보 문제를 논의하는 플랫폼을 형성했다. 또한 한국은 중견국 외교의 대표적인 정부간 협의체인 믹타(MIKTA)의 공간을 활용하여 코로나19 대응을 위한 국제협력의 노력을 펼치고 있다. 2020년 한국이 의장국을 맡은 믹타는 출범 당시부터 보건을 포함한 자유주의적 국제질서를 근간으로 신흥안보 이슈를 의제에 포함시켜 왔다. 향후 '믹타 내' 또는 '믹타 플러스' 등의 접근을 통해 코로나19의 개도국 확산에 대비하는 중견국 간 국제협력을 주도할 필요가 있다.

이러한 과정에서 한국이 여타 신흥안보 분야에서 쌓은 중견국 외교의 경험이 크게 활용될 수 있을 것이다. 한국은 보건외교 분야에서 글로벌보건안보구상(GHSA)에 참여한 경험이 있으며, 환경외교 분야에서도 녹색성장 이니셔티브를 주도했고, 사이버 안보 외교에서도 2013년 사이버스페이스총회 개최의 성과를 거둔 바 있다. 또한, 코로나19 관련 개발협력 외교도 한국의 참여가 요구되는 중요한 분야이다. 코로나19의 일차적 확산이 주로 선진국에서 발생했다면, 그 이후의 확산은 개도국을 중심으로 진행될 가능성이 매우 크다. 이러한 맥락에서 개도국 지원을 위한 국제협력은 절실하며, 보건 취약 국가에 대한 인도적 지원을 확대하고 방역 경험을 공유해나가야 할 것이다.

VII. 보건안보 분야 글로벌 및 지역 거버넌스 참여

2000년대 들어서 보건 분야의 글로벌 거버넌스는 정비의 과정을 거쳐왔다. 2003년 사스(SARS) 사태를 겪으면서 각국의 질병정보보고를 의무화하는 WHO IHR 개정이 이루어졌다. 2007년 오슬로 7개국 외무장관선언은 보건을 외교정책의 중요한 일부로 포함시켰다. 2008년 유엔총회는 보건을 전문적·기술적 시각에서뿐만 아니라 정치적·경제적 시각에서 다루어야 한다는 결의문을 채택했다. 유엔개발계획(UNDP), 세계은행 등 개발협력 관련 국제기구들도 글로벌 보건 거버넌스의 중요 행위자로 활동해 왔다. 1990년대 중반 인간안보 개념이 등장하고 2000년 유엔 밀레니엄개발목표(MDG)에 보건 관련 목표가 다수 포함되면서 개발원조 분야에서 보건사업이 차지하는 비중이 커졌다. 또한, 글로벌 보건 거버넌스에서 WTO와 같은 무역 및 국제법 관련 행위자들의 역할과 영향력도 증대되었다(조한승, 2019).

이러한 상황에서 코로나19라는 전대미문의 코로나19 팬데믹 사태 발생은 글로벌 보건 거버넌스 전반에 대해서는 새로운 접근의 필요성을 제기하였다. 특히 코로나19 사태를 겪으면서 기존 국제기구를 통한 글로벌 보건 거버넌스의 개혁 논의가 일고 있다. 비판의 대상은 WHO의 편향성과 역량 부족이었다. 무엇보다도 WHO가 팬데믹 선언을 지체함으로써 코로나19 초기 대응 과정에서 제 역할을 못 했다는 비판이 제기되었다. 이러한 비판의식은 WHO 전반의 개혁에 대한 논의로 불똥이 옮겨갔으며, 이러한 과정에서 IHR을 비롯한 관련 규범 정비의 필요성이 제기되었다.

WHO 개혁과정에 대한 참여와 더불어 초국적 민간협력 모델의 모색에도 주목할 필요가 있다. 최근 정부 주도의 협력을 넘어 다양한 비정부 행위자들의 자발성을 이끌어 내는 초국적 협력의 프레임워크를 모색하는 것이 관건이다. 이미 글로벌 보건 거버넌스에는 다양한 민간 협력체들이 참여하고 있다. 국경없는의사회와 같은 NGO와 글로벌백신연합(GAVI), 에이즈·결핵·말라리아 퇴치기금(GFATM)과 같은 민관파트너십(PPP) 등이 그 사례이다. 이 밖에도 게이츠 재단이나 록펠러 재단, 패커드 재단, 타히르 재단 등이 여러 분야에서 글로벌 보건사업을 후원하고 있다. 그런데 이들 자선재단의 후원금 상당 부분은 에이즈, 말라리아 등과 같은 선별적 질병 퇴치에 집중되고 있음을 주목할 필요가 있다.

이러한 맥락에서 한국은 기존에 국제기구를 중심으로 펼쳐진 글로벌 보건 거버넌스의 개혁 논의에 참여함은 물론 다양한 비정부 행위자들이 이끄는 초국적 협력 거버넌스 모델의 구축과정에 적극적으로 대응할 필요가 있다. WHO에 대한 비판을 넘어 글로벌 보건 거버넌스의 제도적 개선을 위한 협력에서도 적극적 역할을 담당해야 한다. 예를 들어, 한국은 중견국으로서 코로나19 이후 변화하는 국제질서 속에서 IHR을 비롯한 관련 규범 개정 문제에 참여해야 할 것이다. 또한 정부 주도의 협력을 넘어 한국의 경험에 기반을 둔 초국적 민관협력 모델의 모색에도 기여해야 한다. 이미 한국은 GAVI, 글로벌 펀드, 국제 의약품 구매기구, 국제백신연구소에 공여국으로 참여하고 있으며, 2020년부터 감염병 혁신 연합에도 기여하기로 되어 있다.

한편 동북아 지역 차원에서 전개되는 보건 거버넌스 추진과정에서 보건 및 방역 관련 어젠다를 수립하는 데도 앞장서야 한다. 이는 G20 정상회의와 아세안+3 정상회의에서 논의된 협력 방안들을 동북아 지역 차원에서 더욱 구체화시키는 문제이다. 예를 들어, 감염병 관련 정보를 국가 간에 더욱 투명하게 공개하고, 조기 경보 시스템과 협력체계를 공동으로 구축하는 작업을 들 수 있다. 감염병 발병과 관련된 과학적 관찰과 예측 그리고 대응과 관련된 협력 거버넌스의 구축도 관건이다. 기존 한중일 보건장관회담 수준을 넘어서 감염병 핫라인, 치료약과 방역장비 스와프 등 실질적 방역협력을 위한 제도적 장치를 마련하는 것도 필요하다. 동북아 국가들 간의 출입국 조치에 대한 프로토콜 마련도 시급한 과제이다. 감염병 발생 시 무조건적 출입국 차단보다는 공통의 입국제한 조치를 모색해야 하며, 상호 검진인증제 등을 도입하여 필수적인 인적 교류는 지속될 수 있는 장치를 개발해야 한다(조한승, 2019).

VIII. 보건안보의 '서울 프로세스'는 가능한가?

한국으로서도 코로나19 사태는 개인 각자의 건강관리 문제를 넘어서 국민건강과 국가안보를 논하게 하는 신흥안보의 위험이다. 2015년 메르스 사태를 겪으면서 곤욕을 치렀던 한국에게 코로나19는 과거의 아픈 기억을 떠올리게 한 또 다른 위기였다. 한국은 코로나19의 초기 대응과정에서 다소 혼란이 있었고 특정 집단의 발병으로 한때 위기가 고조되었으나, 코로나19의 위기를 어느 정도 관리하고 있는 모습이다. 특히 보건의료인의 헌신적 노력, 시민들의 자발적 참여, 정부의 신속검진 정책과 질병정보의 개방성, 투명성, 대중접근성 원칙이 사회적 혼란을 최소화하면서 효과적으로 질병확산을 통제할 수 있는 모델로 주목받게 되었다. 여전히 개념적 시비가 없지 않지만, 이른바 'K-방역'이라는 말이 나오는 이유이다.

외교 분야에서도 한국의 코로나19 대응 사례는 중견국으로서 한국의 역할을 높일 기회로 인식되고 있다. 특히 코로나19 사태를 거치면서 미국이나 중국과 같은 강대국이 나서서 위기를 해결했던 과거의 모델이 훼손되는 상황에서 중견국들의 리더십 연대 모델이 관심을 끌고 있다. 특히 코로나19 사태를 통해서 미국 리더십의 약화는 더욱 두드러지게 드러났으며 예전과 같은 패권국의 역할을 수행할 의지가 없는 것으로 보이기까지 한다. 그럼에도 아직은 중국이 그 빈자리를 메우면서 약진하여 글로벌 리더십을 발휘하리라 믿기에는 이르다. 이렇듯 글로벌 리더십의 공백을 우려케 하는 상황에서 강대국 거버넌스를 넘어서는 새로운 모델에 대한 관심이 커졌으며 그 과정에서 한국과 같은 중견국들의 역할이 시험을 받게 될 것이다.

사실 이번 코로나19 사태는 한국으로 하여금 선진국들의 사례를 벤치마킹 해야 한다는 강박감에서 벗어나는 계기를 마련했다. 유발 하라리는 파이낸셜타임스(FT) 기고에서 "코로나 위기를 맞아 인류는 특별히 중요한 선택의 갈림길에 섰다"라고 진단했다. 전체주의적 감시체제와 국수주의적 고립의 길로 갈 것인지, 아니면 시민사회 권한 강화와 글로벌 연대의 길로 갈 것인지 선택해야 한다는 것이었다(Harari, 2020). 한국은 이러한 갈림길에서 민주적 원칙과 인권존중을 잃지 않으면서도 국가가 리더십을 발휘하여 감염병 대응 거버넌스는 효과적으로 추진한 사례로 국제사회에 알려졌다. 외환위기의 경험, 메르스의 경험 등을 겪으면서 공공의 안녕을 위해 개인의 자유를 일정 정도 제약할 수 있다는 공동체적 합의, 그리고 사회적 신뢰가 중요한 변수로 작용했다. 서방 국가의 민주적 혼란을 넘어서 정부와 시민의 복합모델로서 한국 모델의 가능성을 보여주었다는 평가도 나왔다.

이러한 맥락에서 코로나19에 대응하는 한국의 거버넌스 모델에 대한 적극적 개념화가 필요하다. 실제로 한국은 '개개인이 가지고 있는 자유'를 '모두를 위한 자유'로 확장시킨다는 개념을 제시한 바 있다(문재인, 2020). 2020년 5월 18일 WHO 총회 화상회의의 대통령 기조연설의 형태로 제시된 이 개념은, 조야한 'K-방역 모델'을 넘어서 팬데믹 발생과 같은 위기 국면에서 전세계 국가들에 제시할 수 있는 보편 모델의 의미가 있다. 이러한 한국 모델을 굳이 명명하자면 '봉쇄모델'인 '우한 프로세스'나 '개방모델', 좀 더 구체적으로는

'사회적 면역 모델'인 '스톡홀름 프로세스'와는 구별되는 '복합모델'로서의 '서울 프로세스'라고 할 수 있을 것이다.

서울 프로세스는 국내적인 차원에서의 제기될 수 있는 '팬데믹 거버넌스의 프로세스'(processes of pandemic governance)를 모두 엮어내는 '거버넌스의 거버넌스'(governance of governances) 즉 '메타 거버넌스'(meta-governance) 모델의 의미를 지닌다. 이러한 거버넌스 모델은 한국의 역사적 경험과 노우하우에서 우러나온 것으로서 코로나19와 같은 팬데믹 위기의 국면을 맞이하여 지구 거버넌스, 지역 거버넌스, 그리고 국가 거버넌스의 프로토콜을 마련하는 과정에서 공유되고 확산될 가치가 있다. 이러한 모델을 바탕으로 한국은 보건 분야 국제협력과 글로벌 거버넌스에 참여할 뿐만 아니라 위기관리 국제 거버넌스 구축에 적극 참여를 통해 중견국의 역할을 높여야 할 것이다.

* * * * * *

참고문헌

<국문>

김상배. 2020. "코로나19와 신흥안보의 복합지정학: 팬데믹의 창발과 세계정치의 변환." 『한국정치학회보』 54(4), pp.53-81.
김상배. 편. 2016. 『신흥안보의 미래전략: 비전통 안보론을 넘어서』 사회평론.
문재인. 2020. "'모두를 위한 자유' 제73차 세계보건총회 초청연설." 청와대 웹페이지. 5월 18일. https://www1.president.go.kr/articles/8642
박종희. 2020. "코로나바이러스와 세계화의 위기." 『이슈브리핑』 No.89, 서울대학교 국제문제연구소. 5월 29일.
이상현. 2020. "코로나19 국제정치와 글로벌 거버넌스." 『세종정책브리프』 No.2020-04, 5월 22일. 세종연구소.
조한승. 2019. "동북아 보건안보 거버넌스." 김상배·신범식. 편. 2019. 『동북아 신흥안보 거버넌스: 복합지정학의 시각』 사회평론, pp.207-245.
차두현. 2020. "'코로나19'를 통해 본 '新안보'와 국제질서." 『이슈브리프』. 3월 25일 아산정책연구원.

<영문>

Brands, Hal and Francis J Gavin. eds., 2020. COVID-19 and World Order: The Future of Conflict, Competition, and Cooperation. Johns Hopkin University Press.
Campbell, Kurt M. and Rush Doshi. 2020. "The Coronavirus Could Reshape Global Order: China Is Maneuvering for International Leadership as the United States Falters." Foreign Affairs, March 18.
Farrell, Henry and Abraham Newman. 2020. "Will the Coronavirus End Globalization as We Know It? The Pandemic Is Exposing Market Vulnerabilities No One Knew Existed." Foreign Affairs, March 16.
Green, Michael and Evan S. Medeiros. 2020. "The Pandemic Won't Make China the World's Leader Few Countries Are Buying the Model or the Message From Beijing." Foreign Affairs, April 15.
Gvosdev, Nikolas K. 2020. "Why the Coronavirus Won't Transform International Affairs Like 9/11 Did." The National Interest, May 5.
Harari, Yuval N. 2020. "The World after Coronavirus." Financial Times, March 20.
Walt, Stephen M. 2020. "The Realist's Guide to the Coronavirus Outbreak." Foreign Policy, March 9.

국제경제환경의 변화와 신국제경제질서

이재승

I. 코로나19가 가져온 경제 위기
II. 새로운 승자와 패자의 등장
III. COVID19의 사각지대: 빈곤과 불평등
IV. 지속가능발전에 던져진 도전과 기회
V. 국제다자경제기구와 새로운 경제 거버넌스
VI. 결론: 포스트-코로나 시대의 한국 경제의 선택

국제경제환경의 변화와
신국제경제질서

Ⅰ. 코로나19가 가져온 경제 위기

　세계 경제는 주기적으로 위기와 성장을 반복해 왔다. 위기의 발생 가능성은 늘 잠재되어 있으며, 경제적 상호의존의 증가로 한 국가의 위기는 빠른 속도의 전파력을 가지게 되었다. 그러나 코로나19가 가져온 경제 위기는 전혀 예상하지 못했던 상황이었다. 역사상 수많은 경제 위기와 금융 위기가 사전에 위기 징후를 알리는 전조 현상 후에 발생했던 데 비해 코로나19로 인한 세계 경제의 봉쇄와 침체는 예기치 못했던 위기였다. 또한, 이번 위기는 경제 외부적인 요인에 의해 촉발되었으며, 특정 국가나 지역, 특정 산업 부문에 기반했던 일반적인 경제 위기에 반해 전 세계에 걸쳐 동시다발적으로 발생되었다. 역사상 유례없이 세계 경제는 "거대한 일시 멈춤(big pause)" 상태에 들어가게 되었다. 백신 개발과 치료제 개발과 보급에 걸리는 시간과, 봉쇄 및 격리 조치에 따른 경제활동의 물리적인 침체가 장기화되는 가운데 선진국과 후진국 모두는 유동성 공급을 확대하며 경제활동에의 충격을 최소화하는 한편, 코로나19 종식 이후의 펼쳐질 새로운 경쟁과 협력의 구도를 가름하고 있다.

　코로나19 경제위기는 세계 경제의 "좀비화"를 가져왔다. 이동금지령(lockdown)과 여러 형태의 격리, 그리고 거리두기가 일상화되면서 거의 모든 국가의 성장률은 마이너스로 돌아섰으며, GDP를 비롯한 주요 경제지표 역시 일제히 하락세를 가져왔다. OECD는 2020년 세계경제 성장률을 -4.2%로 예상하고 있다. 유럽 경제권이 큰 폭으로 하락세를 보이며 영국 -11.2%, 프랑스 -9.1%, 스페인이 -11.6% 마이너스 성장을 할 것으로 예측되고 있다. 미국은 -3.7%, 일본 -5.3%, 그리고 코로나19의 시발점이었던 중국은 1.8%의 성장률을 보일 것으로 전망되며, 한국은 -1.1%로 상대적으로 양호하게 하락세를 방어할 것으로 보인다 (OECD 2020).

국제 무역도 코로나19 경제위기로 인해 크게 위축되었다. WTO는 2020년 10월 전망에서 세계교역량이 -9.2%로 감소할 것으로 예측하였다. 그러나 상품교역은 코로나19 사태 초기에 크게 위축되었으나 선진국들의 수요 증가와 양적 완화 조치들에 힘입어 2020년 중반 이후 빠르게 반등하고 있다. 해외여행이나 서비스업 부문은 코로나 사태의 충격을 더 직접적으로 받았으며, 회복 속도가 더딜 것으로 전망된다 (한국은행 2020). 국경 간 여행은 2020년 상반기 동안 65% 감소했고 (UNWTO 2020), 개발도상국에 대한 투자 역시 -45% 감소했다 (UNCTAD 2020)

포스트-코로나19 시기의 세계경제의 회복은 백신 개발과 보급, 재확산 여부와 더불어 중국을 비롯한 주요 경제권의 성장이 좌우하게 될 것이다. OECD 전망에 따르면 2021년 세계 GDP는 약 4.2% 성장할 것으로 예상되며 (OECD 2020), 특히 코로나 위기에서 빠른 회복세를 보인 중국이 2021년 세계 경제 성장의 3 분의 1 이상을 차지하는 강력한 반등을 보일 것으로 예상된다. 아시아-태평양 지역의 국가들은 타 지역에 비해 전반적으로 빠른 회복력을 보일 것으로 기대된다. <그림 1, 2>는 이러한 전망치를 비교한다.

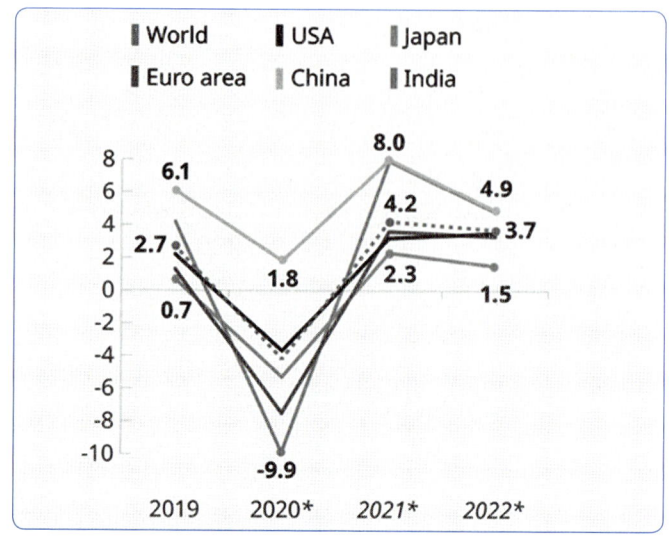

<그림 1> 세계경제의 불균등한 회복 전망 (GDP 성장률, %)

자료: OECD

<그림 2> 아시아태평양 지역의 경제 성장 전망 (실질GDP, %)

	2020	2021	2022
Australia	-3.8	3.2	3.1
China	1.8	8.0	4.9
India*	-9.9	7.9	4.8
Indonesia	-2.4	4.0	5.1
Japan	-5.3	2.3	1.5
Korea	-1.1	2.8	3.4
New Zealand	-4.8	2.7	2.6
Dynamic Asia**	-4.6	4.3	4.6
Asia & Pacific	**-1.5**	**5.9**	**4.1**
Rest of world	-5.7	3.2	3.4
World	**-4.2**	**4.2**	**3.7**

* 4월에 회계연도 시작.
** 타이완, 홍콩, 말레이시아, 필리핀, 싱가포르, 태국, 베트남
자료: OECD(2020)

    그러나 지표상에서 보여지는 것만으로 세계 경제의 회복을 낙관하기는 이르다. 세계경제의 회복세를 통해서도 당분간 2019년 말

수준에 도달하지 못할 수 있다. 또한 코로나19는 이미 전 세계 국가의 사회 경제적 구조와 여러 기업의 건전성에 큰 손상을 가져왔으며, 상당기간 동안 그 휴유증을 남길 수밖에 없다. 코로나19 사태에서 촉발된 내재적인 경제 위험요인들도 다수 존재하고 있다. 코로나 쇼크는 통상, 투자, 수요, 경제활동을 모두 위축시켰고, 정부 및 민간 부채와 실업률, 그리고 소득 및 자산 불평등을 급격히 상승시켰다. 경제 복구를 위해 천문학적 규모의 정부 지출이 증가하는 반면 세수는 위축되고, 국가 부채는 빠른 속도로 늘어나며 새로운 시한폭탄이 되고 있다. 통화 완화 정책은 예기치 않게 주식이나 부동산 등 일부 자산 가치의 급격한 상승을 가져왔고, 실물경제의 침체와 금융시장의 호황이 맞물리는 현상을 가져왔다. 고용 없는 경기 회복에 대한 우려와 실물경제와의 괴리, 그리고 양극화의 심화가 나타나고 있으며, 이는 중장기적으로 경제 운용에 커다란 부담으로 작용하게 된다. 건전 재정이라는 기존의 패러다임이 무색해진 상황에서, 유동성의 급증으로 인한 인플레이션과 자산 버블은 어느 시점에서 폭발할지 모르는 위험성을 안고 있다.

코로나19로 파생된 경제 위기는 단순히 이전 상태로의 "복귀"로 종결되지는 않는다. 이는 또 하나의 새로운 "재시작(reset)"을 의미하고, 새로운 룰과 게임의 서막을 열게 된다. 생산과 수요, 그리고 삶의 방식에 이르기까지 코로나19 위기는 세계경제의 성격을 새로 바꿔 놓을 것이다. 주요 경제권 모두 자국 우선주의의 입장에서 보호무역주의와 인적교류 제한을 강화했고, 이는 세계경제의 단층을 한층 더 적나라하게 드러냈다. 이미 코로나 이전부터 미국을 중심으로 한 경제 보호주의, 브렉시트로 인한 주요 유럽 경제권의 불안정성, 미·중 갈등, 다자주의 경제기구의 침체, 포퓰리즘의 증대, 그리고 4차 산업혁명에 따른 경제적 격차 증가가 나타나고 있었다. 보호주의와 확장재정이 뉴 노멀(new normal)이 되는 상황에서, 미국의 리더십은 약화되고 중국은 아직 세계를 이끌 능력이 되지 않는 국제적 지도력 상실의 "G 제로" 논의도 등장하고 있다. 한편, 이동이 감소하고, 자국의 보호에 눈을 돌리며 물리적인 탈 글로벌화가 진행되는 동시에 디지털과 온라인 상에서의 세계는 급속도로 통합되어 가기도 한다. 이러한 변화는 국내 경제, 그리고 세계 경제 질서에 있어 새로운 역학관계의 등장을 의미한다. 조용한 대격변의 시대가 진행 중이다. 이러한 커다란 변화의 흐름 속에서 한국 경제는 어떻게 살아남을 것인가?

II. 새로운 승자와 패자의 등장

코로나19 위기는 세계경제의 구조와 산업의 패러다임 변화를 통해 새로운 승자와 패자를 만들고 있다. "일시 멈춤" 속에서 글로벌 공급망, 생산성, 노동시장, 그리고 삶의 방식에 있어서 많은 변화가 이루어지고 있다. 디지털 플랫폼과 인공지능을 바탕으로 한 새로운 산업이 등장하기 시작했다. 언택트(untact) 시기 하에서 재택근무, 원격근무, 온라인 미팅이 급속히 늘어가고 있으며 전자상거래가 활성화되고 있다. 1년 전까지만 해도 낯설었던 화상회의와 원격 수업은 이제 자연스러운 표준이 되었고, 기업들은 지리적 범위를 뛰어넘어 새로운 형태의 근무 방식으로 인력을 충원할 수 있게 되었다. 인공지능과 정보통신 기술을 바탕으로 한 디지털 플랫폼을 제공하는 기업들과 지식생산성을 무기로 하는 골드칼라들은 코로나19 위기 가운데서 승자로 부상했다. "창조적 파괴"(Friedman 2020)와 이를 뒷받침해줄 "파괴적 기술"(마, 2020)이 연이어 나타나고 있다.

그러나 다른 한편으로 대면 방식의 서비스업과 전통적인 제조업 분야는 생산성이 급속히 하락하며 구조 개편의 폭풍 속에 서 있다. 석유화학, 건설, 자동차 등의 제조업과 전통적 서비스업은 갑자기

들이닥친 새로운 상황 하에서 보다 많은 희생을 치루고 있다. 단순 사무직은 쇠퇴하고 사무실 관리, 대형 하드웨어. 렌터카, 항공, 호텔 등은 기존의 비즈니스 모델을 근본적으로 재검토하게 되었다.

글로벌 경제 차원에서도 여러 형태의 새로운 구조적 변화가 목격되고 있다. 선진국에서 국가 안전이라는 명목 하의 보호주의가 강화되는 가운데, 자국 중심의 글로벌 공급망(global value chain) 재편이 가속화되고 있다. 코로나19의 큰 충격을 받은 주요 교역국들은 해외 생산기지를 다시 불러들이고, 부품을 국산화하는 리쇼어링(reshoring)을 시작했다. 이미 돌이킬 수 없는 단계로 치닫고 있던 미·중 무역 갈등은 첨단 기술과 관련한 양국간의 기술 패권 경쟁을 더욱 심화시켰다. 글로벌 공급망의 재편은 4차 산업혁명의 기술 경쟁과 맞물리며 빠른 속도로 이루어지고 있다. 미국이 주도하며 유럽 일부 국가들과 일본, 호주 등의 동맹국들이 참여하는 반 중국 공급망 재편의 움직임에 맞서 중국은 일대일로 전략과 AIIB를 중심으로 개도국 지원을 계속하는 한편 첨단 기술 분야의 해외 의존도를 낮춘 내수 중심의 성장전략을 채택하기 시작했다. "쌍순환 전략(dual-circulation)"하에서 중국은 내수와 국제무역을 상호 촉진하면서 과학기술 발전과 기술자립을 표방하고 있다.

이러한 변화는 사실 코로나19 이전에도 어느 정도 예견된 것이기는 했다. 그러나 코로나19 위기가 가져온 환경 변화는 기존 제도와 관행이 가지고 있었던 "레거시 비용(legacy cost)"를 현저히 낮춤으로써 전환의 속도를 가속했다. 플랫폼 기반의 비즈니스 모델, 새로운 노동 방식 등의 새로운 전환점들이 동시다발적으로 생기면서 게임의 규칙이 변화하고, 이에 저항하는 기존 모델의 관성은 약화되고 있다. 코로나19 사태가 장기화하면서 전 세계에 걸친 사고방식의 전환은 경제 구조의 변화로 이어지고 있다. 이런 의미에서 코로나19는 이미 새로운 변곡점을 만들어 내었다.

2021년 이후 세계 경제는 다시 기존의 모델로 돌아갈 것인가? 백신 및 치료제의 개발, 경제 복구 정책 등에 따라 회복력은 빨라질 수 있겠지만, 업종, 계층 간의 격차가 더 크게 발생하고, 과거와는 다른 위상과 모습으로 복귀할 가능성이 크다. 디지털 및 제약 분야의 기술 경쟁은 과거보다 더욱 심화될 것으로 보인다. 그리고 이 과정에서 세계 경제는 새로운 단면을 노출하게 될 것이다. 지식기반의 기술집약적인 직종과 전통산업의 노동집약적인 직종 간의 간극은 더 커지게 된다. 첨단 기술을 통해 원격으로 처리하는 능력에 기반한 비접촉 비즈니스 모델은 일자리를 양극으로 분리하고, 이 과정에서 중산층 몰락이 가속화되고, 소상공인, 자영업자, 프리랜서 등 취약계층의 삶이 더욱 어려워질 가능성이 있다. 노동생산성이 낮은 개도국으로의 투자가 급격히 감소하며 글로벌 양극화가 촉진될 위험도 커져 간다. 빈곤과 불평등이라는 화두는 코로나19의 사각지대에 놓여 있다.

III. COVID19의 사각지대: 빈곤과 불평등

코로나19는 역사상 가장 불평등한 경기침체를 가져왔다. 코로나 쇼크의 비대칭적 충격으로 인해 국제 빈곤 문제는 더욱 깊은 수렁에 빠지게 되었다. 세계 최빈곤층(일 소득 $1.90 이하)의 숫자는 1억 5천만 명으로 추산되며, 1998년 이후 처음으로 다시 증가할 것으로 전망된다. UN은 70개국 2억 4천에서 4억 9천만 명의 인구가 다차원적 빈곤(multidimensional poverty)에 놓일 것으로 예상했다. (Economist, 2020, 88). Oxfam의 통계에 따르면, 코로나19로 인해 20%의 소득이 감소할 경우 5억이 넘는 인구가 새로이 빈곤의 영역(일 소득 $5.5 이하)으로 밀려날 수 있다. <그림 3>은 이러한 전망을 보여준다.

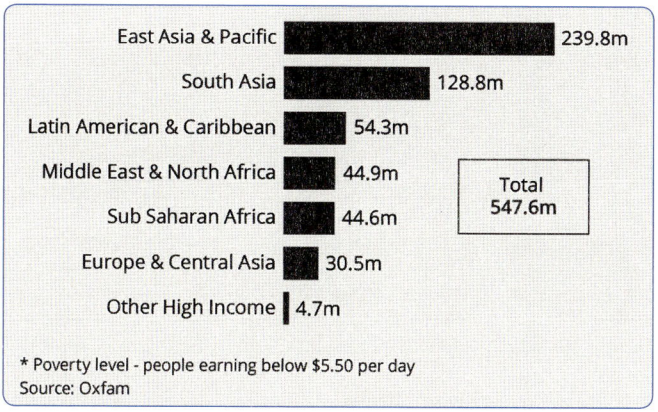

<그림 3> 코로나19와 빈곤의 증가

자료: Oxfam; Statistica

국내 차원에서 빈곤층의 증가는 정치 불안정과 사회 혼란을 촉발시키고, 글로벌 차원에서 취약 국가들의 증가는 무력 충돌을 비롯한 갈등의 가능성을 높인다. 모든 국가들이 자국의 방역과 경제 회복에 치중하는 동안 취약국들에 대한 지원은 점점 후순위로 밀리고 있다. 팬데믹 시기 동안 빈곤이라는 이름의 전염병은 더욱 확산되고 있다.

이미 2020 이전에 글로벌 부채는 기록적인 수준에 도달해 있었지만, 코로나19로 인한 경제 위기로 인해 글로벌 부채는 전년 대비 50% 이상 증가해서 11월 현재 432%를 넘어섰으며, 연말까지 세계 GDP의 365%에 달하는 277조 달러를 기록할 것으로 예상된다(Financial Times, 2020). 특히 개발도상국 부채의 급증은 금융 위기의 관점에서 폭발성, 휘발성을 지니고 있다. 이미 최빈국 중 여러 나라들이 채무불이행(default)을 선언하고 나섰다. G20가 2020년 4월 발표한 "채무상환 중단 이니셔티브(Debt Standstill Initiative: DSSI)"를 통해 46개국의 부채 50억 달러의 상환이 연장되었으나, 신흥경제권과 최빈국들의 취약성을 보완하기에는 턱없이 부족한 상황이다. 특히 민간 부문의 부채는 여전히 위험성을 내포하고 있다.

디지털 세계화와 기술 발전이 소득 불평등을 더 심화시키고, 위기 뒤의 승자 독식의 가능성은 여전히 남아 있다. 저생산성 기업으로부터 고생산성 기업으로의 생산 전환이 이루어져야 하고, 이를 위한 고용시장의 유연화와 재교육, 그리고 전환 과정에서의 사회안전망 강화가 필요하다. 코로나19 경제 위기의 쇼크를 흡수하는 글로벌 금융 안전망도 강화되어야 한다. 그러나 필요성에 대한 공감대에도 불구하고 선진국과 개발도상국 모두 가용한 자원을 우선적으로 방역과 경제 회복, 그리고 보조금에 투입할 수 밖에 없는 상황에 놓여 있다. 이 과정에서의 발생하는 경제적 사각지대에 대한 논의에 포스트-코로나 시기에 더 많은 관심을 기울여야 한다.

Ⅳ. 지속가능발전에 던져진 도전과 기회

코로나19 위기는 지속가능발전과 기후변화 대응에 도전과 기회를 동시에 던져주었다. 역사상 유례없이 90%가 넘는 국가들이 마이너스 경제 성장을 기록했고, 의료 체제의 붕괴로 인한 보건문제, 그리고 극빈층 증가와 인간 안보 위기에 이르기까지 지속가능발전목표(SDG)가 설정한 많은 과제들이 도전을 받고 있다. 온라인 플랫폼의 구축과 원격 참여 가능 여부에 따라 교육의 격차도 더욱 벌어지고 있다. 지속가능발전에 대한 지속적 추진은 원칙적인 차원에서 강조되어 왔으나, 실물 경제의 위기 상황에서 우선순위를 갖는다는 것은 쉬운 일이 아니다. 포스트 코로나 시대의 경제 거버넌스는 이러한 지속가능발전에 던져진 도전들에 신속히 대응해야 할 필요성을 안고 있다.

다른 한편으로 코로나19 사태와 이에 따른 이동의 제한, 그리고 경제활동의 위축은 비현실적인 탄소 저감의 결과를 가져왔다. 2020

년 세계 탄소 배출은 7% 가량 하락할 것으로 보인다. <그림 4>는 탄소배출의 일시적 감소 추세를 보여준다. 물론 글로벌 경제의 회복에 따라 이러한 추세가 지속될 것으로 보이지는 않지만, 단기간 동안 전 세계가 동시에 저탄소의 "가상 체험"을 하게 된 것은 저탄소 패러다임을 공유할 예기치 않은 기회이기도 하다.

<그림 4> 코로나19와 탄소배출량 (metric tons of CO2)

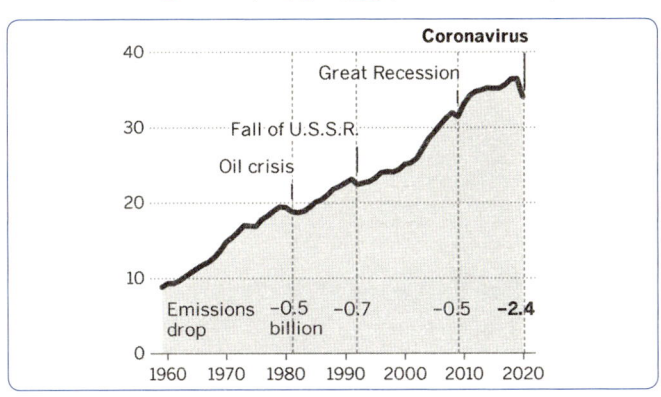

자료: Global Carbon Project; Los Angeles Times

탄소 저감에 대한 가상적 체험과 더불어 재택근무 및 화상회의가 확대되면서 수송용 연료에 대한 수요가 감소했고, 화석연료—특히 석유, 가스—확보에 대한 강박감이 줄어든 반면, 재생에너지에 대한 심리적 수용성은 증가하였다. 대형 에너지 인프라 프로젝트에서 재생에너지에 기반한 분산형 발전과 스마트 그리드 분야로 투자의 축이 이행되어 가고, 디지털 및 인공지능 기반의 에너지 시스템에 대한 관심도 증가하고 있다. 기존의 오랜 에너지 체제가 가진 관성이 일시적으로 완화되면서, 에너지 전환과 친환경 경제를 구축할 예기치 않은 전환점이 발생하기도 했다.

미국의 바이든 신행정부가 기후변화 체제의 복귀를 선언하며 글로벌 차원의 탄소 저감에 적극적인 행보를 보이고 있고, 유럽연합

(EU)과 한국이 그린 딜(Green deal)을 바탕으로 한 경제 회복 이니셔티브를 발표한 것도 코로나19 시기를 거치며 저탄소 에너지 기조가 빠른 속도로 자리잡아 갈 것을 예상하게 한다. 또한 EU, 중국, 일본, 한국을 위시한 여러 국가들이 2050년-2060년을 목표로 탄소중립(net-zero) 목표를 제시하며, 친환경 시장에 보다 많은 인센티브를 제공하고 있다. 이처럼 코로나19는 기후변화 대응과 에너지 전환에의 촉진 기회를 제공한다. 그러나, 이에 수반되는 자원과 예산의 투입이 방역 및 복지, 그리고 경기 부양책과 충돌될 경우 재원 배분의 우선순위 조정의 차원에서 이상과 현실이 충돌할 여지는 여전히 남아 있다.

V. 국제다자경제기구와 새로운 경제 거버넌스

코로나19 위기의 해결과 국제경제의 안정화, 개도국 지원, 그리고 지속가능발전의 추진을 위해서는 국제 다자경제기구의 역할이 재조명되어야 한다. 단일 국가 차원에서는 코로나19가 가져온 경제 위기를 해결하기 어렵다. 국제 협력은 선택이 아닌 근본적인 필요조건이 된다. 보호주의와 국경 폐쇄는 상품의 유통을 막고 글로벌 공급망을 위축시킨다. 이를 복원시키기 위해서는 백신 및 치료제 개발 뿐만 아니라 양자간, 지역간 그리고 글로벌 차원에서의 경제적 개방성과 안정성 보장을 위한 가이드라인이 제시될 필요가 있다.

국제통화 및 금융기구들은 일차적으로 위기 상황에 대응하게 된다. 국제다자금융기구 및 다자간 포럼은 부채의 투명성을 높이고, 필요한 경우 모라토리엄에 대한 조치를 강화해야 한다. 선진국과 개발도상국 모두 국가 및 민간 부채가 급증한 상황에서 국제통화기구(IMF)가 이러한 부채 폭탄을 감당할 수 있는 역할을 수행할 수 있을

지는 통화 위기 대응의 첫 단계가 된다. IMF의 특별인출권(Special Drawing Rights: SDRs)의 활용 여부 역시 관심을 모으고 있다.

그러나 국제 금융 거버넌스는 IMF 차원에서도 해결하기 어려운 과제다. 최소한 G3(미국, 일본, EU) 중앙은행의 공조가 필요하고, G7, G20 참여 국가들이 환율, 통화, 거시경제 조율에 대한 큰 틀에 대한 합의를 이뤄낼 필요가 있다. 개발도상국의 부채 상환 문제에 대한 주요 채권국들간의 공조도 필요하다. 위기 국면에서 연쇄적인 채무불이행 사태는 차상위 단계의 금융기관의 부실을 가져오고, 국가부채 증가와 맞물리면서 전면적인 금융위기로 파생될 수 있다. 국제 다자기구 차원에서의 지속적인 모니터링과 조기 경보 체제, 그리고 과감한 정책 공조가 코로나 위기의 충격을 최소화할 수 있다.

포스트-코로나 시기를 담당하게 될 미국 바이든 신정부는 전임 트럼프 행정부에 비해 글로벌 통상환경의 불확실성을 감소시킬 것으로 보인다. 우방국과의 관계 회복과 다자간 통상체제의 복원은 바이든 행정부의 주요 정책 목표가 자리잡고 있다. 아시아 태평양 지역에서는 중국 및 아세안이 참여하는 역내 포괄적 경제동반자협정 (Regional Comprehensive Economic Program: RCEP)과 환태평양경제동반자협정 (Comprehensive and Progessive Agreement for Trans-Pacific Partnership: CPTPP)의 구성과 활동이 보다 가시화될 전망이다. 세계무역기구(WTO)는 상당 기간 기능적인 제약으로 위축되며 충분한 다자무역기반을 제공해주지 못했다. WTO의 정상화 및 개혁에 대한 의제는 상당한 시간을 필요로 하며, 여러 지역 차원의 다자통상 레짐과의 유기적인 관계 설정이 필요하다.

그러나 코로나19 경제위기 이후의 글로벌 다자무역 체제는 개별 경제기구 개편의 문제를 넘어서 새로운 초국경적 데이터 이동, 기술투자, 지적재산권 보호 등과 같은 새로운 산업 패러다임에 대한 규범과 원칙을 담아내어야 한다. 형식 면에 있어서도 신속성과 효율성, 그리고 공정성이 강조되어야 한다. 개발도상국의 중장기적인 성장을 염두에 둔 글로벌 안전망 확충과 공정한 경쟁 방식도 동반되어야 하다. 이러한 새로운 글로벌 경제 거버넌스는 단순한 경제 논리만 가지고 성립되지 않으며, 인간 안보를 포함하는 다차원적인 접근이 필요하다. 코로나19 위기는 이 어려운 화두를 국제다자경제체제 재편의 핵심과제로 돌려놓았다.

VI. 결론: 포스트-코로나 시대의 한국 경제의 선택

코로나19는 "검은 백조(black swan)"와 같이 예기치 않은 경제 위기를 가져왔고, 전 세계에 걸쳐 삶의 방식을 바꾸어 놓았다. 새로운 비즈니스 모델이 등장하고, 산업 부문에서 새로운 승자와 패자가 등장하기 시작했다. 세계 경제의 회복은 백신과 치료제 개발에 따른 경제활동과 이동의 복원이 일차적인 조건이 되겠지만, 다시 세계 경제가 정상화되더라도 디지털 플랫폼의 가속화를 위시한 변화의 흐름은 여전히 유지될 것이다. 코로나19는 "일시멈춤"과 "리셋" 버튼을 동시에 눌렀다. 이제 우리는 더 이상 과거에 있던 자리로 돌아가지는 않는다. 이미 세계 경제는 새로운 길로 들어섰다.

한국 경제는 1990년대 후반 아시아 금융위기 이후 IT산업을 중심으로 한 성장세를 이어왔고, 반도체, 전자산업 분야에 있어 세계 정상급의 기업들을 보유하고 있다. 그러나 동시에 석유화학, 건설, 조선 등 전통적 거대 장치산업 역시 산업의 핵심을 이루고 있다. 코로나19 사태에의 대응이 초기에는 비교적 안정적이었지만, 위기의 장기화에 따른 경제적 파장은 부문별로 상이하게 나타나고 있다. 무엇보다도 포스트 코로나 시대의 경제 모델은 AI를 비롯한 디지털 분야의 주도력이 강조되며, 이러한 기술 진보에 뒤처지지 않아야 한다.

이를 위해서는 기술 경쟁의 핵심을 이루는 민간 주체들에 대한 각종 규제의 효율적인 개혁이 수반되어야 하고, 정부 주도의 정책적 지원을 통한 인프라 확충과 디지털 격차 해소가 이루어져야 한다. 기술 진보의 속도가 정부 정책의 속도를 훨씬 능가하는 상황에서 정부가 첨단 부문을 이끌어 나간다는 패러다임은 포스트-코로나 시기에는 더 이상 유효하지 않다. "실용성," "유연성," "신속성"은 포스트-코로나 시대의 경제 패러다임의 세 가지 축을 형성해야 한다.

코로나19 위기는 정부 지출과 부채 급증을 가져왔다. 한국 역시 민간 및 공공부문의 부채가 빠른 속도로 증가하고 있으며, 백신과 치료제가 충분히 확보되어 "제어 가능한" 상황에 이르기 전까지 계속해서 추가 예산 수요가 발생할 수 있다. 그러나 실물경제 부문이 여전히 위기 상황에 있는 데 비해 양적 완화에 따른 통화량의 증대는 주식과 부동산 시장을 과열시키며 금융시장과의 괴리를 낳고 있다. 섣부른 정부 지출이 자본 흐름을 양극화시키며 정작 지원이 필요한 부분에는 재원이 부족하고 투기성 자본이 과잉공급되는 상황을 방지해야 한다. 양적 완화 뒤에 다시 긴축 재정으로 돌아가는 과정에서 경착륙이 발생하지 않도록 예산 편성 및 지출에 있어 전문적이고 신중한 사전 점검이 필요하다. 사회적 빈곤과 양극화 해소는 필수적인 과제인 동시에 정교한 지원 전략을 요구한다.

한편, 코로나19 위기가 가져온 기후변화와 에너지 전환 부문에의 모멘텀을 충분히 활용해야 한다. 석유와 가스 가격이 안정화되며 오히려 에너지 전환에 필요한 밑그림을 안정적으로 그릴 수 있는 기회가 마련되었고, 재생에너지 확대에 대한 수용성도 높아지고 있다. 그러나 "그린 뉴딜(Green New Deal)" 정책에서 발생할 수 있는 내재적인 긴장 관계는 현실적으로 고려해야 한다. "그린" 부문은 장기간의 시간이 소요되는 에너지 전환을 의미하고 이는 단기간의 성과보다는 중장기적인 "과정"을 강조하게 된다. 반면 "뉴딜" 부문은 경기 부양을 위한 단기 및 중단기적인 자본의 투입과 이로 인한 가시적인

"성과"를 목표로 한다. "그린" 관련 산업적, 시장적 기반이 취약할 경우 자본의 집중적인 투입이 경쟁력 향상과 민간 부문 재투자의 선순환을 가져오기 이전에 정부 보조금 취득에 중점을 둔 단기 과제로 집중되며 왜곡 현상을 가져올 가능성도 있다. 여기서 발생하는 도덕적 해이 현상은 기존의 여러 에너지 전환의 사례에서 목격되어 왔으며, 악화가 양화를 구축하지 않도록 성과 위주의 건전한 그린 산업 생태계를 조성하는 것이 최우선적인 정부 영역의 과제가 된다.

마지막으로 세계경제의 다자질서 형성에 한국이 적극적으로 참여할 필요가 있다. 미국의 바이든 신행정부의 등장 이후 국제 다자주의는 다시 탄력을 받을 것으로 기대되고 있으나, 이것이 반드시 트럼프 행정부 이전으로의 복귀를 의미하는 것은 아니다. 국제 다자경제 질서 역시 재조정될 가능성이 높다. 또한 코로나 19위기가 가져온 글로벌 빈곤과 불평등의 문제 역시 국제 금융 및 개발 체제의 주요한 의제로 부상할 전망이다. 한국은 WTO. IMF를 비롯한 기존 국제경제기구에의 참여와 더불어, RCEP, CPTPP 등의 새로운 무역 체제에 더욱 적극적인 역량을 투입해야 한다. 미·중 갈등과 무역 분쟁은 국제 규범의 형성 차원에서 지속될 전망이며, 특히 기술 표준과 지적재산권 등 지식경제와 관련된 통상 규범 형성 과정에 지속적인 참여를 유지시킬 필요가 있다. 또한 G20를 비롯한 국제 다자 경제 포럼에 있어서 전향적인 기여를 늘릴 필요가 있다. 국제 다자경제외교에 있어서의 역량은 오랜 기간에 걸친 꾸준한 참여와 기여를 바탕으로 형성된다. 이를 위한 전문 인력의 확충과 제도적 확충은 단기 이벤트 위주가 아니라 중장기적인 플랫폼 마련이라는 목표를 가지고 진행되어야 한다. 종종 한반도 평화구축이라는 핵심 정책목표 하에서 부차적인 관심을 받아왔던 연성안보 및 글로벌 의제들이 실제로는 한국이 보다 많은 국제적 지지를 동원할 수 있는 전략적 과제가 될 수 있음을 상기하고, 이에 대한 투입 역량을 획기적으로 증대시킬 필요가 있다.

위기는 성장의 촉매로 작용할 수 있다. 예기치 않은 코로나19 위기는 새로운 "뉴 노멀"의 경제 환경을 만들어 내었고, 이제 앞에 보이는 위협은 지속적인 대비를 요하는 "회색 코뿔소(gray rhino)"의 모습이 되어가고 있다. 코로나19로 인한 경제 위기는 한국에게 절반의 도전과 절반의 기회를 던져주고 있다. 역사적으로 큰 규모의 팬더믹은 새로운 세계로의 전환을 알렸다. 그 패러다임의 중심으로 빨리 이동하는 주체들이 그 새로운 세계의 주역이 되어 왔다. 방역을 위한 마스크가 경제 펀더멘털의 건전성과 혁신의 동력을 가려서는 안 된다. 시장은 장기간의 탈선을 좀처럼 용납하지 않는다. 정책 관리 역량은 위기 상황에서 판가름나기 마련이다. 포스트 코로나 시대의 새로운 도약을 위해서 탄성회복력(resilience)을 최대로 발휘하면서 건전성과 효율성에 기반한 거시경제체제와 세분화된 복구 지원 정책을 수행해야 한다.

* * * * * *

참고문헌

<국문>

버나드 마, <다가온 미래: 포스트 코로나 시대를 구원할 파괴적 기술 25> (다산사이언스: 2020)

토마스 프리드먼, "코로나 다음 대재앙은 기후변화 팬데믹," <매일경제> (2020.12.21.)

한국은행, 해외경제 포커스 제 2020-46호 (2020.12.4.)

<영문>

Brookings, "Reimaging the Global Economy: Building Back Better in a Post-COVID-19 World" Brookings Institute (2020.11.17)

"Pandemic fuels global 'debt tsunami'" *Financial Times* (2020.11.18.) https://www.ft.com/content/18527e0c-6f02-4c70-93cb-c26c3680c8ad

https://www.mk.co.kr/news/economy/view/2020/12/1307401/

OECD, "Turning hope into reality" *OECD Economic Outlook* (December 2020)

Thomas Friedman, "After the Pandemic, a Revolution in Education and Work Awaits," *The New York Times* (2020.10.20.) https://www.nytimes.com/2020/10/20/opinion/covid-education-work.html

UNWTO, "World Tourism Barometer," (August/September 2020) https://www.e-unwto.org/doi/epdf/10.18111/wtobarometereng UNCTAD, "World Investment Report 2020: International Production Beyond the Pandemic," June 16, 2020. https://unctad.org/news/global-foreign-direct-investment-projected-plunge-40-2020

미국 바이든 정부 출범과 한국의 외교

이호진

I. 바이든 정부 대외 전략과 정책 전망
II. 한국 외교의 위기
III. 북한의 현 상황과 체제 전망

미국 바이든 정부 출범과 한국의 외교

Ⅰ. 바이든 정부 대외 전략과 정책 전망

1. 다시 돌아온 미국

새해가 밝아오자 1월20일 미국에서 '죠 바이든' 당선자(전 상원외교위원장, 전 부통령)가 제46대 대통령으로 취임하며 신정부가 출범하였다. 지난 2020년 내내 코로나바이러스(COVID) 재앙에 시달려 온 세계에 백신 개발과 함께 새 희망을 던져 줄 것으로 기대된다.

너무 기대가 큰 것일까? 바이든 대통령의 오랜 정치, 외교 경륜이 새로 출범하는 정부의 대외전략에 배어난다면 국제관계는 안정화의 길로 들어설 것은 분명하다. 바이든 정부는 미국 민주당 전통의 국제주의(Internationalism)와 글로벌 리더십을 대외전략, 정책의 기조로 삼을 것이다. 이는 지난 트럼프 정부의 대외정책이 내셔널리즘 색채가 매우 강하고 일관된 전략도 부재했던 것과 크게 대비된다.

바이든 대통령은 선거 캠페인의 여러 기자회견에서 'America is back'을 외교분야 제1성으로 선언했다. 미국이 글로벌 리더십을 회복하겠다는 의지 표명이다. 이를 바탕으로 동맹국과 신뢰를 회복하고 국제사회 비전을 공유하는 견고한 외교정책을 전개할 것이다. 구체적 정책이념으로 바꿔 말하면, 바이든 정부는 자유민주주의, 시장경제를 바탕으로 하는 전통적 가치기반 외교로 복귀할 것이다. 이에는 다른 국가들에게도 국제규범 준수를 요구하고 개방과 신뢰의 국가간 관계를 중시하며 다자적 국제협력을 강화하는 핵심적 내용이 포함될 것이다.

미국의 글로벌 리더십 회복에 따라 큰 틀에서 그간 혼돈에 빠진 세계정치가 안정화 방향으로 전환되겠지만, 바이든 정부가 외교수행에서 현 국내상황과 그에 따른 국익관점을 도외시할 수 없는 제약은 있다. 이미 대 변혁기에 들어선 국제관계의 흐름에서 볼 때 그렇고, 예를 들면 제조업 낙후, 인프라 취약, 빈부격차 등 국내 경제사회적 상황을 볼 때 그렇다.

바이든 정부는 트럼프가 '미국 우선'이라는 슬로건을 들고 나왔던 국내외의 정치, 경제적 고려사항을 전면 배제하지 못할 것이다. 특히 중국과의 관계에 있어서 정책 스타일과 톤이 바뀌거나 또한 기후변화 등 글로벌 이슈 협력은 몰라도 안보와 경제통상 문제의 양국간 마찰은 실질적으로 크게 변하지 않을 것이다. 지난해 12월 의회에서 FY2021 국방수권법안을 (중국을 견제하는) '태평양 억지력(deterrence) 이니셔티브'(약 23억불 예산)를 포함하여 민주-공화 양당이 초당적으로 통과시킨 것이 그 한 예이다.

의회가 바이든 정부 외교정책에 많이 관여할 것이다. 트럼프 정부 4년 내내 공화당이 지배한 상원은 행정부 외교에 영향력을 행사하지 못했다. 공화당은 '트럼프의 당'이라 불렸을 정도이다. 그러나 이제 민주당 정부로 바뀌었으니 민주주의 전통(check & balance)에 따라 상원이 외교정책에 크게 관여하는 전환이 있을 것으로 본다. 바이든 대통령의 성향으로도 초당적 외교가 발휘될 가능성이 크다.

진보, 보수의 이념성향에 따라 많은 정책적 이슈, 세계적 또는 지역별 이슈에 대한 외교수행이 난관에 부딪힐 가능성이 없는 것은 아니다. 그러나 바이든 대통령은 미국사회에 깊어진 정치, 경제의 양극화 현상을 가장 우려하는 입장이고 단합(unity)을 강조하고 있어, 그 치유를 위해 수립하는 국내 경제사회적 정책이 대외정책에 연결되는 부분이 많아질 것이 예상된다. 예를 들면 소득격차, 중산층 빈곤화 문제 해결에 제조업 육성과 무역적자 해소가 필요하다면 이는 대중국 무역전쟁이 계속된다는 것을 의미한다.

2. 격동의 동아시아 더 중요해져

지난 20세기 미국의 대외전략에서 유럽, 특히 서유럽과의 대서양 양안관계(Trans-Atlantic Relations)가 중요했다면 21세기에는 동아시아지역, 태평양 양안관계(Tran-Pacific Relations)가 더 중요하게 되었다. 동아시아가 세계 GDP의 60% 이상을 차지하며 역동적 발전을 지속하고 있을 뿐만 아니라 특히 중국의 부상(패권추구) 등 미국의 외교수요가 커졌다.

동아시아의 현 질서가 어떠하며 어떻게 변할 것인가는 우선 미국의 안보유지와 경제 회복을 위한 중요한 정책요소인 동시에 미국이 국제 리더십을 발휘하고 세계질서를 확립하는 데 관건적 요소이다.

동아시아 질서를 규정하는 키워드를 살펴보면, ① 한, 중, 일이 포진하고 위험정권 북한이 존재하는 동북아시아와 아세안(ASEAN)이 중심인 동남아시아 등 2개 소지역별 특유의 dynamics, ② 분쟁 flash points, hot spots로 간주되는 한반도, 남중국해, 대만해협에서의 충돌가능성, ③ 2개의 경제협력 그룹, 즉 RCEP(Regional Comprehensive Economic Partnership)와 CPTPP(Comprehensive Progressive Trans-Pacific Partnership)의 대립, ④ 중국, 미국이 각기 추진하는 대외전략 BRI(Belt & Road Initiative)와 PQI(Partnership for Quality Infrastructure)의 대립

을 들 수 있다.

현재 이러한 요소들이 지역내 국가들의 이해관계에 따라 종적으로, 횡적으로서 중첩되고 있어서 그들의 대응자세는 협력과 대립의 이중적 행태를 보이고 있다. 여기에 미-중 패권경쟁 구도까지 겹쳐서 동아시아지역의 전체질서가 불안정한 상황에 놓여있다. 이에 대해 바이든 정부는 기본적으로 리더십을 갖고 적극 개입하는(engagement with leadership) 방향으로 나올 것이다.

이전 정부들의 정책과 다를 것인가? 오바마 정부가 동아시아전략으로 삼은 Pivot to Asia 또는 Balancing in Asia, 즉 '아시아 균형' 정책은 급상승하는 중국의 역내 영향력에 대응하는 것이었다. 일본, 호주, 한국, 그리고 아세안의 일부 동맹국과 연대하여 중국을 견제하였다.

트럼프 정부도 인도를 포함한 '자유와 개방의 인도-태평양(Free and Open Indo-Pacific, FOIP)' 개념을 내세워 중국의 세력팽창을 견제하였다. 미, 일, 호주, 인도 등 4개국(Quad)이 중심에 섰고 아세안국가 일부가 참여의사를 밝혔으며 한국은 참여를 주저하였다.

바이든 정부는 이전 정부의 전략을 그대로 답습하지는 않을 것이나 ① 기본적으로 more engagement and dialogue 스탠스를 취하고, ② 중국과는 필요한 협력은 추구하되 견제-경쟁-대립의 구도가 불가피할 것이다. ③ 동맹국과의 연대, 아세안과의 파트너십을 강화하는 방향으로 새로운 전략을 구상할 것이지만 트럼프 정부의 FOIP 전략은 인도(인도양)까지 포괄한 강력한 것이어서 그 틀(달리 명명되더라도)은 유지될 것으로 보인다. 또한 ④ 새로운 구상으로 밝힌 '민주국가 정상회의(Summit of Democracies)' 추진과 관련, 경제적 역동성과 민주주의 확장성이 큰 동아시아 국가들이 중심국가로 참여하게 될 것이다.

3. 중국과는 경쟁과 협력의 투 트랙

지난 반세기 미-중 관계 발전을 일별해보면, 1972년 Nixon 중국방문, 1979년 미-중 수교 이후 중국은 개방과 개혁을 통해 획기적인 국가발전을 이룩했다. 1989년 천안문 사태로 일시 혼란을 겪었지만 탈냉전 시기의 안정과 협력의 국제관계, 세계화에 동참하는 전략이 주효하였다.

중국은 덩샤오핑의 개방개혁 정책과 도광양회(韜光養晦, 빛을 감추고 어둠속에서 힘을 기른다)를 장쩌민, 후진타오 주석에 이르기까지 대외전략으로 삼아 국가발전을 도모하였다. 후진타오 주석 시기 화평굴기(和平崛起, 평화롭게 우뚝 선다), 유소작위(有所作爲, 필요한 경우 적극적 자세를 취한다) 전략을 가미하여 중국의 대외관계는 발전적으로 순항하였다. 어쩌면 미국의 적극적 호응도 기여하였다. 무엇보다도 미국 클린턴 정부가 2001년 중국의 WTO 가입을 승인한 이후 중국은 평균 연10% 이상 GDP 성장의 경제발전을 기록하였다.

미-중 협력은 지난 20년 동안만 봐도 동아시아 지역안보에도 적극 기여하여 역내 국가간 무력충돌이 없는 평화를 가능케 하였다. 특히 북한 비핵화 문제에 관해서도 중국은 미국에 협력적이었다. 그러나 2013년 시진핑 주석에 와서는 얘기가 달라진다.

사실 21세기 들어와 미-중 G-2 개념이 등장하더니 중국은 2012년 일본을 제치고 세계 제2의 경제대국이 되었다. 2013년 취임한 시진핑 주석은 중국 강국화론(중국몽)을 들고 나왔다. 이는 아마도 중국 공산당 중심의 국가통일체를 유지하고 자유와 민주주의 욕구 증대에 따른 체제이완과 분열 조짐을 차단하기 위한 정치적 도구로 볼 수 있다.

시 주석은 급기야 주석 연임제한을 폐지하고 장기집권(독재화)의 길로 접어들었다. 대외전략도 핵심이익(core interests) 수호 등 공세적 외교-안보 정책을 펼치기 시작했다. 남중국해의 내해화, 일대일로(Belt & Road Initiative) 추진 등 미국 중심의 국제질서를 바꾸는 대국화 전략, 미국과 대등한 신형 대국관계를 내세웠다.

오바마 정부(2009~16년)는 중국을 경쟁과 협력의 상대로 봤으나. 트럼프 정부(2017~20년)는 중국을 오로지 경쟁의 상대로 봤다. G-2의 대결이 시작된 것이다. 시 주석이 지난 11월 미국 대선에서 트럼프의 당선을 은근히 바랬다는 설이 있었으나 배경이 모호하다. 하여간 아직도 미국 경제력, 군사력의 월등한 우위를 무시할 수 없는 중국으로서는 새로 출범하는 바이든 정부와 대화를 통한 협력 구도를 형성하려 할 것이다.

바이든 대통령도 지난 11월 대선승리 직후 기자회견에서 'Obama 2는 아니다' 말을 했지만, 오바마 정부 당시의 '협력과 경쟁' 기조로 돌아갈 가능성이 크다. 그러나 최근 몇 년간 더욱 공세적으로 나온 중국의 대외전략에 대해 바이든 정부의 대응이 결코 쉽지는 않을 것이다. 트럼프 정부가 이미 취하고 있는 무역 보복, Huawei 등 기업 제재, 중국 투자 제한 등의 조치는 상당기간 바꾸기 어려울 것이다.

트럼프 정부의 대중국 정책은 미국의 제조업 낙후, 무역적자 등 경제문제와 관련이 크지만 한편으로 시 주석의 대내외 독재적 행동과 무관하지 않다. 양국관계가 단지 통상, 기술과 해양관할권 분쟁을 넘어 (군사적 충돌이 없는) 패권대결로 치달은 느낌이었다. 미국은 시 주석의 중국이 공산당 정부이며 미국이 구축한 기존 국제질서를 흔들고 있다고 비판했다.

중국의 미국 이익 침해에 대해 미국은 상호주의(reciprocity)로 대응했다. Huawei 등 기업에 대한 제재 역시 안보위협 외에도 미국기업의 활동 제한에 대한 상호주의 적용이다. 대중국 무역전쟁 선포는 중국의 각종 WTO룰 위반에 따른 것이고 중국기업에 대한 특혜를 없애는 것도 상호주의 적용에 속한다. 남중국해 해양관할권 경쟁도 사실은 중국의 UN해양법 위반과 해양질서 변경 시도를 용인하지 않겠다는 것이다. 바이든 정부가 들어서도 그냥 넘어갈 수 없는 문제이다.

미국은 작년 말 Brexit를 잘 마무리한 EU와 영국을 포함한 대서양협력을 급속히 회복할 것이다. 이로써 특히 중국의 일대일로(一帶一路, Belt & Road Initiative), 2025 중국제조(기술굴기) 전략에 제동을 거는 등 중국을 압박하는 미국-EU 공동전선이 구축될 수 있다. 그러나 중국은 작년 12월(11월 미국대선에서 바이든 승리 직후) EU와 7년 끌어온 투자협정(Comprehensive Agreement on Investment: CAI)을 서둘러 서명했는데, 이는 중국이 양보함으로써 (중국의 강제노동금지 ILO협약 비준, 에너지, 은행 등 EU 투자 허용, 국영기업 보조금 축소 등) 가능했으며, 미국-EU의 중국견제 공동전선 구축을 막으려는 시도일 것이다.

한편으로 미-중 관계에 희망적 관측도 있다. 외교 베테랑 바이든 대통령은 중국을 잘 알며 오바마 정부 당시 부통령으로서 중국과의 'S&E(안보-경제) 대화'의 경험을 갖고 있다. 바이든 부통령 재임기간 시진핑의 부주석(2011~12)과 주석(2013~16) 시절을 합쳐 오랜 기간 구축된 친분관계가 중국의 협력적 자세변화를 가져올 가능성이 있는 등 긍정적인 요소로 작용할 수 있다.

중국정부가 바이든 대통령 취임에 즈음하여 우호의 제스처를 보이면, 바이든 정부도 우선 톤을 낮춰 긴장을 완화하고 대결국면 보다는 협력국면을 선택하는 새로운 미-중 대화를 시작할 가능성이 높다. 이런 시나리오를 담은 바이든 정부의 초기 대외전략 대강을 전망해 볼 수 있는데, 그럴 경우 미-중의 관계개선을 필두로 국제질서가 신냉전으로 비화하지 않고 현재의 혼돈상태를 벗어나 다자주의 국제협력 모드로 전환되는 대 반전이 일어날 것이다.

Antonio Guterres 유엔사무총장은 지난해 8월 TIME 지와의 인터뷰에서 "미-중 양 강대국간의 경쟁은 세계를 'two blocs' 양분화 시키고 있다"고 우려했다. 인류사회를 파국으로 몰고 갈지 모르는 코로나사태와 심각한 기후변화 문제에 두 강대국이 대결보다는 협력할 것을 요청하였는데, 바이든 대통령도 우선순위를 두겠다고 했으므로 기후변화 협력을 시작으로 미-중 대화 모멘텀이 올 것이다.

결론적으로, 바이든 정부는 트럼프 식 대결(confront) 일변도가 아닌 '전략적 경쟁과 협력'을 동시에 추구하는 투 트랙 접근을 통해 타협과 해결을 모색하면서 새로운 미-중 관계를 구축할 것으로 전망된다. 양국간 현안으로 돼있는 이슈를 살펴보면, 대립적 이슈로는 남중국해 해양관할, 한반도, 센카쿠 등 지역안보 문제, 타이완 문제, 중국의 WTO룰 위반 등 통상이슈, 티벳-신장(위구르) 소수민족 종교 인권 탄압 등이 있다. 이에 반해 기후변화, 이란과 북한의 핵-미사일 문제 등은 전략적 협력 가능성이 있는 이슈에 속한다.

4. 한반도정책, 한-미동맹을 중심으로

한국의 안보와 외교, 경제, 통상의 버팀목(backbone)이 되어 왔던 한-미 동맹관계가 지난 몇 년 사이에 많이 훼손되었다. 미국 조야의 인식도 비슷하다. 그럼에도 불구하고 동아시아지역에서 한-미 관계가 미-일 관계와 더불어 매우 중요하다는 인식은 변함이 없다.

바이든 정부는 트럼프 정부 4년간 땅에 떨어진 양국간 신뢰를 회복하고 동맹체제를 강화하는 노력부터 시작할 것이다. 문제는 현 한국정부의 입장이 모호하다는 데 있다. 지난해 가을 미국의 대선 과정에서 뉴욕타임즈(NYT) 지가 "한국 정부는 트럼프 후보를 선호하고 국민들은 바이든 후보를 선호한다" 라는 흥미로운 분석을 내놓은 바 있다. 트럼프의 과도한 방위비 분담 요구, 주한미군 감축 암시 등은 동맹의 전략가치를 외면한 상업거래적(transactional)인 것으로 서 동맹관계를 약화시킬 수 있다. 현 한국정부가 이를 크게 문제 삼 지 않은 것은 한-미 동맹을 내심 탐탐치 않게 생각하는 것과 맥이 닿 는다. 이에 반해 한국 국민들은 동맹을 중시하는 바이든 후보의 입 장을 지지한다고 NYT는 보았던 것이다.

또한 바이든 정부에 포진할 외교-안보 팀은 현 한국정부가 친중국 입장을 취하고 있는 것에 신경을 곤두세우고 있다. 이는 바이든 정 부가 새롭게 짜는 한반도 정책의 핵심부분인 한-미 동맹과 관련하여 한국정부와 마찰을 불러일으킬 수 있다. 그 밖에도 향후 전개될 미-중 관계, 특히 패권경쟁의 양상, 동북아지역 정치 환경과 한, 중, 일 3국간 상호관계 dynamics의 변화 등이 신 한반도 정책에 반영될 것 이다.

북한관련 문제는 어떻게 될 것인가? 바이든 정부는 이에 대해 기 본적으로 한-미 정책공조와 한-미-일 3국 정책협력의 틀을 복원하길 원한다. 특히 북한 핵문제에 관해 그렇다. 우선 한-미 정책공조 하에 대북 대화(협상)을 다시 시작하는 이니셔티브를 취할 것이다. 30년 묵은 북한 핵문제에 관해 오바마 정부가 보였던 입장, 즉 '전략적 인 내' 또는 '전략적 모호성' 같은 소극적 자세를 벗어나 적극적인 해결 책을 들고 나올 것으로 본다.

바이든 당선자가 지명한 Tony Blinken 국무장관 후보, Robert Einhorn 등 오바마정부에서 일한 전직 고위관리가 언급한 요지를 보면, 바이든 정부는 전술상 대화와 압력(Carrot & Stick)의 방식을 취할 것이며, 제1단계 잠정합의(Interim, partial agreement) 추진 가능성이 크다. ① 북한의 '검증 가능한' 핵능력(시설) 폐기 및 동결, 모니터링을 요구하고, ② 북한 제재를 일부 완화하는, 즉 ①과 ②을 동시 합의하는 협상안을 놓고 접촉을 시도할 것으로 보인다. 오바마 정부에서 성공했다는 그러나 불완전한 비핵화로 비판을 받은 이란과의 핵합의(JCPOA) 케이스와 유사한 협상이 될 가능성이 우려되기는 하다.

(앞에서 설명한) 미국의 대 한반도 정책에는 중국 요소(China factor)가 크게 자리 잡아왔다. 바이든 정부에 와서는 더 중요한 요소가 될 것이므로 1992년 한-중 수교 이후 중국정부가 취한 한반도 관련 스탠스의 변화를 살펴볼 필요가 있다.

중국의 한반도 정책은 장쩌민 주석과 후진타오 주석 시절 20년 동안에는 북한 핵개발 저지 협력을 통한 한반도 안정화, 한국과 경제협력 강화, 북한의 개혁-개방 촉진을 추구하였다. 미국과의 전략적 협력(한 예로 2002년 10월 텍사스 Crawford 미-중 정상회담에서 장쩌민 주석은 부시 대통령이 언급한 북한관련 중국의 책임과 역할에 동감표시, 중국은 2003년 북한 설득과 북핵 6자회담의 의장국으로 참여 시작)도 매우 긍정적이었다.

그러나 시진핑 주석 등장 이후, 특히 주석 연임제한 폐기 등 권력 강화에 나서면서 대한반도 정책이 변화하기 시작했다. (한국에 현 진보정부 출범과 맞물려) 미국에서 등장한 트럼프 정부가 전략 정책적 미숙과 혼돈을 거듭하는 틈을 타서 중국은 북한 김정은을 달래어 자기편에 묶어 두며 미국의 종래 동북아 전략과 한-미 동맹을 약화시키는 대결전략으로 급선회하였다.

결론적으로, 크게 변한 동북아의 정치지형 속에 새로 출범하는 미국 바이든 정부는 한-미 동맹 관계를 중심으로 주도면밀한 한반도 정책을 수립할 것이다. 그 틀 안에서 북한 비핵화 문제에 접근하겠지만 트럼프의 무모하고 즉흥적인 톱다운 방식(트럼트-김정은의 3차례 회담 등)이 아닌 실무협상부터 시작할 것으로 보인다. 현 한국 정부의 친중적 자세가 걸림돌이 될 수 있으나 중국 시진핑 정부의 유연한 입장변화가(기대치도 높은 편임) 있을 경우 바이든 정부의 한반도 정책은 선순환으로 진전될 것으로 전망된다.

5. 중동지역 Dynamics 변화와 전략 수정

지난 4년 트럼프 정부는 중동전략을 과거 패턴과는 다르게 대폭 수정하였다. 이는 중동지역 국가들의 국내정치, 역내국가 상호간의 파워 dynamics 변화를 고려하고 에너지 등 전략가치의 변동을 반영한 것이었다. 바이든 정부는 이미 정착된 트럼프 정부의 전략을 수정하고 새로운 중동 전략을 짤 것인가? 난제임에는 분명하다.

우선 살펴봐야 할 대목은, 트럼프 정부 직전 오바마 정부의 중동전략이 실패한(일반적 평가임) 데에서 문제가 커졌다는 점이다. 그 실패는 미국이 주도한 아프가니스탄/이라크 전쟁을 마무리하면서 중동지역 질서가 안정화 단계에 들어가기 전에 중동에서의 조기철수를 단행한 데서 비롯되었다. 그 와중에 2011~12년 발생한 '아랍 스프링'이 대부분의 중동국가에서 시민혁명으로 나타났고 외부세력이 개입된 내란이 격화되었다. 그 결과 중동은 그야말로 쑥대밭이 되었다.

그 여파로 대규모 난민이 발생하였고 그들은 목숨을 걸고 유럽대륙 상륙을 시도했다. 2015년 이 난민사태에 대한 EU 국가들의 대응이 갈팡질팡했으며 일부 국가에서 민족주의적 극우 정부의 탄생을 가능하게 했다. 이는 더 나아가 EU가 분열될 수 있는 위험한 단초를 제공하였다. 2016년 영국의 EU 탈퇴(Brexit)도 그 배경 하에서 일어난 일이다. 이러한 연쇄반응적 사건들은 특히 미국의 전략과 정책 성패가 여러 지역의 국제질서에 얼만큼 영향을 미치는가를 말해주고 있다.

전통적으로 미국은 중동의 안정화(원유공급원의 전략적 가치)와 이스라엘-팔레스타인 평화정착을 추구해 왔으며 이를 위해 이슬람 양대 종파(시아파와 수니파)의 균형을 꾀해왔다. 오바마 정부는 중동 조기철군을 개시하면서 이란과의 관계개선을 추진하고 드디어

2015년 이란과 핵합의(JCPOA)를 체결하였다. 이는 중동지역의 세력균형을 깨는 위험을 안고 있었다. 특히 이란에 대해 국제제재를 풀어주게 됨으로써, 이란은 엄청난 원유를 수출할 수 있고 그로부터 벌어들인 재정으로 경제회복의 길로 접어들었다. 결과적으로 이란이 중동지역에서 패권(페르시아 제국 재건)을 추구할 수 있게 만들었다.

2017년 트럼프 정부는 중동전략을 180도 전환하였다. 오바마 민주당 정부가 체결한 이란 핵합의(JCPOA)가 완전한 핵포기에 미흡하다는 이유로 그것에서 탈퇴하고 다시 이란에 '최고조 압력'을 가하기 시작했다. 오랜 중동분쟁의 원인은 이슬람 시아파와 수니파의 대결이다. 그 대결구도에서 트럼프 대통령은 사우디아라비아를 정점으로 하는 아랍 수니파를 택하고, 시아파 맹주인 이란의 중동에서의 패권추구를 견제하는 전략으로 나온 것이다.

이스라엘-팔레스타인 문제도 이스라엘에 기우는 정책을 추구하면서, 이스라엘로 하여금 이란을 견제하도록 했다. 이는 불가능하게만 보였던 이스라엘의 주변 아랍 국가와의 관계정상화로 이어지고 있다. 지난해 8월 백악관에서 트럼프 대통령이 참석한 이스라엘-UAE 외교관계수립 협정서명을 필두로 최근까지 이스라엘은 바레인, 쿠웨이트, 수단 등과 관계정상화를 실현하고 있다.

그 배경을 자세히 살펴보면, 트럼프 정부가 (한편으로 '기후변화협약' 탈퇴를 선언하며) 적극 추진한 Shale 오일/가스의 개발과 상업화로 미국은 현재 세계 제1의 석유가스 수출국이 되었다. 그럼으로써 중동지역은 최소한 미국에 대해서는 주된 에너지 공급지로서의 전략적 중요성이 반감되었다. 이것도 미국의 중동전략 변화에 영향을 미쳤다는 분석이다.

새로 들어선 바이든 정부는 트럼프의 전략을 다시 돌릴 것인가의 딜레마에 직면해 있다. 중동의 세력판도 변화만 아니라 미국 국내정치적 고려사항도 추가되었다. 현재 코로나사태로 인해 석유수요가 반감되고 유가 급락했다는 점, Shale 산업의 불확실성이 존재하고, 트럼프의 환경관련 정책을 폐기할 경우 석유/가스/석탄 산업이 큰 펜실바니아 등 다수 주에서의 표심의 행방 등을 무시할 수 없을 것이다.

바이든 정부는 이란 핵합의 관련, 몇 가지 조건을 달아 합의에 복귀할 의향을 밝혔지만, 아직 불확실하다. 최근 이스라엘의 이란 핵과학자 암살 등 대이란 강경노선을 무시할 수 없고, 이란의 중동패권 추구를 보고만 있을 수 없기 때문이다. 더욱이 이란이 지난 수년 동안 정밀-유도 미사일 시스템을 개발하여 대리(proxy) 전투세력에 제공한 것은 핵무기보다 더 위험하며 중동정세를 더 악화시키고 있다는 비난을 받는다. 전반적으로 트럼프의 중동전략은 성공적이었다는 평가도 있어, 바이든 정부가 전략을 선회할지 딜레마는 그대로 남아있다.

6. 미국-유럽 대서양 양안관계: 협력모드로 복원

유럽의 안보와 경제를 받쳐주는 기본 틀(framework)는 유럽연합(EU)과 북대서양조약기구(NATO)이다. 이를 토대로 냉전이 종식된 이후에도 유럽은 미국과의 협력관계(대서양협력)를 강화하여 안보유지와 경제발전을 추구하였다. 대서양 양안관계(Trans-Atlantic Relations)는 미국에게도 냉전기는 물론 현재까지도 세계전략과 대외정책 수행의 매우 중요한 요소이다.

지난 4년 트럼프 정부는 대서양협력 체제를 와해까지는 아니더라도 기능마비 상태로 만들었다. NATO 정상회의는 물론 유럽 핵심국가 다수가 참여하는 G-7, G-20 정상회의는 트럼프 대통령의 소통(communication) 부재, 친선행사 불참 등 회피적 태도로 인하여 중요한 글로벌 문제에 대해 아무런 합의를 도출하지 못했다. 그 결과 혼란의 국제관계가 더 혼란스러워지는 상황도 벌어졌다.

EU는 구소련이 분화되어 독립한 CIS(Commonwealth of Independent States) 국가를 제외한 거의 모든 유럽국가들이 참여하여 정치, 경제, 사법 등 회원국간 내부문제는 자체적으로 해결하는 다자협력 프로세스다. 그러나 지역의 안보와 경제 질서에 관련된 대외관계 문제 대처에는 미국과의 대서양협력관계가 매우 중요하다. 지난 10여 년간 EU와 미국의 대외전략 관점에서 권위주의적(authoritarian) 정권의 러시아, 중국, 터키가 문제가 되어왔다. 지정학 관점에서는 코카서스, 중동, 북아프리카가 아직 안보위협 지역으로 남아있다.

냉전종식 이후 자유민주주의, 시장경제적 세계화 추세 속에 동유럽, 발칸의 일부 국가에까지 EU가 확대되고 NATO가 동진(東進)한 것은 러시아에게 안보위협을 느끼게 하였다. 이에 2014년 러시아는 크리미아 반도(우크라이나 영토)를 병합하는 군사행동으로 나왔고, 발칸과 코카서스 일부 국가에서 내란 조짐이 나타나기 시작했다. 최근 코카서스 지역의 나고르노-카라바흐(Nagorno-Karabakh) 영토 분쟁에 EU와 미국은 속수무책이었으며 터키와 러시아가 군사적으로 개입하는 사태까지 이르렀다.

2015년에는 중동과 북아프리카에서 난민(refugees)들 대거 유럽으로 유입하는 사태가 발생했다. 이 인도주의 긴급사태에 직면하여 EU 국가들은 통일된 대응을 하지 못했으며 대응실패는 유럽의 정치지형을 크게 흔드는 결과를 낳았다.

EU의 주역 독일(Merkel 총리)과 프랑스(Macron 대통령)는 EU의 헌법적 원칙인 인권과 인도주의를 강조하며 150만 난민의 접수를 주장, EU 회원국들에 배정하였다. 그러나 현실은 매우 달랐다. 헝가리, 폴란드 등에서 난민입국을 거부하고 나섰고 민족주의 우경화 정권들의 반자유주의적 정책노선이 득세하게 되었다. 여기에 더하여 여타 EU국가 내에서 민족주의 정당에 대한 지지가 확대되면서 EU 분열의 조짐이 나타나기 시작했다. 오랫동안 유럽회의론이 두드러 졌던 영국이 2016년 결국 국민투표를 거쳐 EU탈퇴(Brexit)를 결정 하는 데에는 난민문제가 촉발의 단초를 제공하였다.

트럼프 정부가 중국과 벌리는 무역분쟁, 기술분쟁과 관련해서도 대서양협력은 제대로 작동하지 못했다. 특히 미국이 요구하는 G5 통신장비, 화웨이(Huawei) 등 중국기업 퇴출에 NATO 회원국(대부분이 EU 회원국) 일부가 반대하고 있다. 중국이 헝가리, 루마니아, 시리아 등 중유럽과 발칸지역 국가들을 상대로 BRI 프로젝트를 추진하는데 대하여 EU와 트럼프 정부는 공동으로 제한을 가하고 있다.

이런 난제들을 해결하고 국제질서를 안정화 유지하는데 미국-EU의 대서양 양안관계가 중요한 역할을 하고 있다. 2020년 세계적 재앙 코로나사태는 초기대응 실패에도 불구하고 백신개발을 계기로 대서양협력의 중요성이 배가되고 있다. 2020년말 영국과 EU는 통상협정(Trade Deal)을 최종단계에서 합의하고 Brexit를 마무리함으로써 EU의 분열조짐, 불협화음의 트랙을 바꾸는데 성공하였다. 이는 한편으로는 대서양관계 dynamics의 변화 — 영국이 미국, EU와 별개로 독자적인 player로 등장한 것을 의미하는데, 향후 대서양 양안관계에 어떤 영향을 미칠지는 지켜봐야 한다.

미국-EU 관계에서 문제되는 이슈가 아직 많다. ① NATO회원국의 방위비 분담문제는 각국의 국방예산 GDP의 2% 달성 노력, EU의 자체 전략적 자율성(Strategic Autonomy) 확대 노력 등으로 수렴되고 있다. ② 러시아의 군사, 안보위협 특히 사이버위협 문제에 대해서는 미국과 EU의 공동대응책 논의가 활발하다, ③ 중동지역 관련해서는, 에너지(원유) 전략가치 변화, 이란의 패권추구, 이슬람 종파간 세력대결 등에 대한 판이한 이해관계 대립이 존재하고, 이란과의 핵합의(JCPOA) 문제도 이란의 우라늄농축 강행 등 의무위반과 추가적인 조건부과 문제로 미국의 JCPOA 복귀여부가 불투명하다. ④ 헝가리, 폴란드 등 비자유주위적, 권위주의 정권, 러시아 및 중국과의 밀착관계에 어떻게 대응할 것인가 쉽지 않은 문제이다. ⑤ 독일 (연립)정부가 추진해온 러시아-북유럽 송유관(Nord Stream 2) 건설이 완공을 앞두고 미국의 반대와 일부 중유럽 국가들의 소형원전(Smart Reactor) 추진 등 방향전환이 걸림돌로 작용하고 있다.

어쨌든 간에 지난 10년만 봐도 up & down 매우 기복이 심했던 유럽의 정치지형이 이제 일단은 안정화 단계로 접어들었다. EU는 아직 코로나사태의 혼란에서 벗어나지 못하고 있지만 지난 4년 워낙 증오의 불편한 관계에 있었던 트럼프 정부가 퇴진한 것을 다행으로 여긴다. 새로 출범하는 바이든 정부를 환영하며 전통적 대서양양안관계 회복을 원한다. 바이든 대통령이 유럽 동맹과의 신뢰와 글로벌 리더십을 회복하는데 주력하겠다고 선언한 것도 같은 맥락의 신호임이 분명하다.

II. 한국 외교의 위기

1. 한국에 국익외교는 있는가?

국가간 관계에 있어서 전통적으로 국익을 앞세운 초당적(bipartisan) 외교가 주류이다. '정치는 해외로 나가기 전에 멈추자'(Politics stops at the water's edge)'는 말이 있을 만큼 당연시되어 왔다. 20세기는 물론 21세기 초반만 해도 그랬다. 그러나 최근 국가간 관계에 영향을 미치는 새로운 현상 즉, 외교의 역할이 등한시되거나 초당외교가 무시되는 일들이 국가에 따라 나타나고 있다.

많은 국가에서 지난 20여 년 사이 크게 변한 현상 크게 두 가지 — ① 경제의 양극화가 심화되었고 ② 정치는 점점 포퓰리즘 정치가 횡행하였다. 특히 2008-9년 국제 금융위기(great recession)을 겪으면서 그렇게 변하였다. 그에 영향을 받아 국제관계를 규정하는 외교가 국익을 떠나 국내정치적 이해득실에 초점을 맞추는 도구로 변질되거나 국내정치에 종속되는 하위개념으로 경시되기도 했다. 그런 외교는 국익을 해치는 결과를 초래하게 되는데, 그럼에도 불구하고 집권세력이 우선순위를 두는 정치권력 유지에 이용되는 것이다.

미국에서도 2017년 트럼프 정부가 들어서면서부터 초당적 외교가 자취를 감춘 듯 보였다. 기득권 세력을 몰아내자(drain the swamp)는 슬로건 아래에서 외교는 중요하지 않았으며 '미국우선주의' 외교는 미국의 국제적 리더십 포기를 선언한 것이나 마찬가지였다. 작년 대선에서 승리한 바이든 당선자는 America first가 America alone이 되어 고립을 자초하였다고 비판하고 조속히 미국의 리더십을 회복하겠다고 선언하였다. 막 출범한 바이든 정부는 초당적 외교를 복원할 것으로 보이는데, 그럴 경우 글로벌 리더십은 더 큰 힘을 발휘할 것이다.

불행한 일이지만, 국익을 앞세우는 초당적 외교가 약화된 터에 외교를 국내정치에 악용하는 사례가 심해진다면 국제관계는 더욱 혼란에 빠질 위험이 크다. 국제부문 의존도가 높은 우리의 경우 국제관계가 악화되면 이는 경제적 손실, 국익 손실로 이어진다는 것은 자명하다. 우리는 생존 전략의 관점에서 국내 정파적 이해관계를 떠나 국익을 우선시하는 초당적 외교를 해야 한다. 그래야 국가가 발전을 계속할 수 있을 것이다.

2. 벼랑 끝에 선 한국외교

외교 전문가들은 현재 한국의 외교가 거의 실종된 상태라 말하고 있다. 현 정부 출범 이후 '국가의 대외전략은 이것이다' 라고 발표하거나 국민에게 설명한 적이 있는지 기억에 없다. 중요한 국제적 사건이 있을 때 선진국다운 책임 있는 외교 브리핑이나 언론회견을 들어본 게 거의 없다시피 하다. 어떤 학자는 지난해 개최된 한 세미나에서 '현 정부의 외교는 국내 포퓰리즘 정책과 북한에 매몰되어 있다'고 평가(고려대 이신화 교수) 하였는데, 이는 외교가 실종되어 아무런 작동을 하지 못하고 있음을 말해준다.

주요 언론의 오피니언 페이지를 열면 많은 전문가들이 요즘 국제관계를 분석하고 전망한다. 올바른 진단과 제언을 쏟아 붙고 있지만, 현 정부의 대외정책과 외교는 전혀 딴판으로 실행되고 있다. 왜 그럴까? 몇 가지를 지적할 수 있다. 하나는 대외관계가 국내의 정치와 이념에 압도돼 있는 것이 아닌지, 또는 국제관계의 기본 틀과 흐름을 모르고 있거나 의도적으로(?) 침묵하고 있는 게 아닌가, 결국 책임성 있는 정책적 입장을 갖지 못하는 것이 아닌가 등이다.

국제정세는 급변하고 우리가 처해 있는 한반도 주변정세는 미-중 경쟁을 필두로 대결적 상황에 놓여 있다. 최근에는 미-중 관계가 전략경쟁을 넘어 체제경쟁에까지 치닫는 느낌이다. 우발적 군사충돌이 전쟁으로 발전할 수 있는 위험도 크다. 이러한 동북아 전략환경 하에서 한국은 어떤 posture를 취해야 하는지 장래 생존 문제와 직결되는 중요한 사안이다. 한-미 동맹을 어쩔 것이며, 중국에 치우친 입장은 문제가 없는지 전략, 정책을 심각하게 다시 짜야 된다고 본다.

미-중 대립이 격화되면서 한국을 자기편으로 끌어들이려는 압력도 커졌다. 바이든 정부의 미국은 중국의 도전에 대응하여 한국이

민주주의 동맹(Alliance of Democracies)에 참여할 것을 요구할 수 있고, 중국은 미국의 대중 포위전략에서 한국을 빼내기 위해 외교수단을 총동원할 것이다. 우리는 어떤 스탠스를 취해야 할까?

국익중심 실용외교, 사안별 판단, 중견국가 그룹연대 등 정책적 제언이 제시되고 있다. 그러나 복잡다기한 국제관계의 역학관계 속에 정치, 경제, 안보의 이해관계가 상호 충돌하는 경우가 생기는 것을 감안하면 해법은 그리 간단치 않다. 분명히 친중 또는 친미와 같은 선택의 문제는 아니다. 한반도의 오랜 역사에서 얻은 교훈, 현대 세계의 대세와 흐름, 실용적 국익의 관점에 기초하여 판단하고 어디까지나 국민적 합의인 헌법상 이념과 정체성에 부합하는 전략과 해법을 찾아야 한다고 본다.

3. 훼손된 한-미동맹의 향배

전통적으로 한국외교의 근간이 되어왔던 한-미 관계가 트럼프 정부 4년 동안 계속 삐걱거렸으나, 바이든 정부에서는 어떻게 될 것인지 앞에서 전망해 봤고, 여기서는 몇 가지 현안문제를 들어서 우리의 대응을 살펴본다.

트럼프 대통령은 2016년 대선캠페인에서 공약한대로 (미군주둔) 동맹국의 분담금을 대폭 증액할 것을 요구했다. 2차 대전 이후 미국 세계전략의 핵심적 기반이 된 동맹관계의 전략적 가치를 저버린 상업거래 외교(transactional diplomacy)라는 비판을 받았지만 막무가내였다. 작년 재선캠페인에서는 급기야 주한미군 감축을 암시하기도 했다.

중대 사안인 만큼 성명이 나올 법도 한데, 현 정부는 아무런 코멘트를 내놓지 않았다. 내심 주한미군 철수를 바라고 있었는지 모른다. 과거처럼 미국 의회를 상대로 활발한 의원외교를 전개한 적도 없는 것 같고, 한-미 동맹이 외교 우선순위의 바닥에 떨어져있는 느낌이 들 정도다.

트럼프 정부와는 달리 바이든 정부는 역대 미국정부가 그랬던 것처럼 동아시아 전략의 핵심(linchpin)으로서 미-일 동맹과 함께 한-미 동맹을 중시하는 입장으로 돌아갈 것이다. 세계의 여러 동맹국에 대해 공통적으로 방위비 분담의 증액을 희망하겠지만 그 증액요구의 강도는 크지 않을 것이다.

NATO 서유럽 국가들은 이미 각기 국방예산 2%까지 증액 약속을 이행하고 있고 EU는 유럽안보의 자치(autonomy)를 위한 프로그램을 갖고 있다. 한국의 경우 바이든 정부는 방위비 분담과 관련하여 종래의 formula로 돌아갈 것으로 본다. 오히려 북한 핵-미사일 위협이 더 커진 상황에서 한-미 연합훈련 재개, 전시 작전통제권 이양연기 등 이슈가 더 긴급한 협의 대상이 될 것이다.

한-미 동맹은 한-미 양자적 차원을 넘어 동아시아 전체의 안보에 크게 영향을 미치므로 중국 factor가 반드시 고려되어야 한다. 바이든 정부가 들어서도 미-중 관계가 협력보다는 대립국면이 클 것이라는 전망도 있고 보면, 미국은 중국을 견제하는 공동전선의 성격을 갖는 'Quad Plus'나 '경제번영네트워크(Economic Prosperity Network)'에 한국이 동참하도록 요구할 가능성이 다분하다. 외교전략과 정책의 큰 틀에서 보면, 친중으로 치우친 현 정부의 스탠스가 한-미 동맹의 이슈만 아니라 한-미 양국의 외교 사안 전반에 걸쳐 긴장과 충돌을 가져오지 않을까 우려된다.

바이든 정부는 북한 핵-미사일 문제에 대해 접근을 달리할 것으로 보인다. 전통적 외교방식에 익숙한 바이든 정부는 트럼프 대통령의 변칙적인 'Top-down' 방식이 아니고 실무협상에서부터 시작하는 'Bottom-up'협상방식을 취할 것이다. 한국 현 정부가 실질 내용이 없이 감성적으로 접근하는 자세에 협상 초기부터 이의를 제기할 것이다. (앞에서 말한) 제1단계 북한과의 대화, 협상에 한국의 참여를 요청할 것으로 보이는데, 이에 한국이 주저하면 미국은 대북 직접협상으로 직행할 가능성도 있다. 과거 노무현 정부가 미-북한 직접 대화를 선호한 적이 있고 현 정부는 그보다 한술 더 떠 북한의 핵폐기보다는 UN안보리의 대북제재를 완화시키는 데 초점을 두었다. 이는 제재해제를 요구하는 북한의 주장을 대변하는듯한 입장이어서 바이든 정부가 이를 받아들이지 않을 것이다.

현재 한-일 관계가 최악의 상태로 남아 있는 것도 한-미 동맹관계에 부정적으로 작용하고 있다. 이와 관련하여 바이든 정부는 한-미-일 정책공조 복원과 그 기초가 되는 한-일 관계 개선을 중요시하고 있어 한, 일 정부 양측에 압력을 가할 가능성이 크다. 사실 한국의 입장에서는 한-미 동맹관계와 더불어 한-일 관계는 국가 전략의 양대 지주인 안보와 경제에 중대한 영향을 미친다는 점에서 이 문제를 방치해 놓고 있는 것은 국익을 해치는 일이기도 하다.

4. 중국에 경사된 외교 바로 잡아야

중국과 수교한(1992년) 이후 20여 년이 흐르는 동안 한-중 관계는 소위 '포괄적 동반자 관계'에 이르기까지 계속 확대되었다. 앞에서 살펴봤듯이, 장쩌민 주석과 후진타오 주석 시절의 한-중 관계는 한-미 동맹과 조화를 이루면서 큰 마찰 없이 순항, 발전하였다. 그러나 시진핑 주석 등장 이후 중국의 대한반도 정책에 미묘한 변화가 일기 시작했다.

이 정책 변화에는 시진핑 주석의 강대국굴기(强大國崛起) 전략이 깔려 있다고 말할 수 있지만, 미국에서 민주당의 약체 행정부로 평가된 오바마 정부의 '전략적 인내'라는 모호한 입장과 한국 정부의 전략적 미숙 내지는 이념적 편향과 밀접히 관련된다.

중국은 최소한 시진핑 주석 1기(2013~18)까지는 군사력, 경제력, 국가시스템 등 경쟁요소를 볼 때 스스로가 미국에 필적할만한 강대국이 아니라고 생각했다. 오바마 정부와의 'S&E 대화'에서 처음 사용한 시진핑의 '신형 대국관계'라는 표현을 얼마 후에는 '새로운 형태의 국가관계'라고 톤-다운할 정도였다. 한국에서도 '한-미 동맹이 견고히 유지될 때 중국과의 관계가 안정되고 발전한다'는 전략적 사고가 늘 자리잡고 있었다.

한국 박근혜 정부는 전반적으로 한-미 동맹관계를 우선시하면서도 매우 좋은 한-중 관계를 유지하는 외교력을 발휘하였다. 다만, 박 정부 후기에 사드(THAAD, 중거리 미사일방어 체제) 한국배치 문제를 잘못 다루면서 중국의 강경한 입장을 초래했고 한-중 관계가 틀어졌다. 사드가 중국을 겨냥한 것이 아닌, 북한 핵문제 해결을 위한 협상 leverage라는 것을 주장하고 중국을 설득했어야 하는데 그렇지 못했다.

미, 중 간에 북한 핵-미사일문제와 관련하여 2002년 10월 당시 Bush 대통령과 장쩌민 주석은 '중국이 북한에 대한 설득과 압력을 리드해 나간다'는 합의를 이룬 바 있었다. 소위 북한 핵문제 관련 6자회담이 성사되었던 배경이다. 그 합의 과정을 잘 알지 못했던 박근혜 정부는 대북 압력에 소극적인 중국에게 명확한 전략입장을 취하지 못하고 '모호성'을 유지하는 식으로 얼버무렸던 것 같다.

이런 마당에 더구나 친중을 친북과 동일시하는 현 정부 들어서는 시진핑 주석의 한국에 대한 고자세는 변할 리 없었다. 최근 2~3년간 정부의 대외관계 행동(rhetoric이 아닌 실제 외교행위)을 보면 중국에 편향된 경향을 보이면서 이에 반해 한-미 동맹에는 무관심하거나 방치하는 모습이 뚜렷이 나타난다. 중국과의 관계로 기운 현 정부 입장은 미-중 대립관계와의 상관적 맥락에서도 발견된다.

더구나 중국의 외교는 시진핑 주석의 중국몽 전략으로 서남아시아, 중남미, 아프리카, 발칸반도의 개발도상국에서 대규모 자원개발, BRI를 내세운 인프라 건설 등 19세기 제국주의적 외교를 방불케 하는 모습도 보이고 있다. 이런 상황에서 우리는 중국과의 경제관계 중요성을 무시할 수 없지만, 쓰라린 한반도의 역사가 재현되지 않도록, 굴종의 외교가 되지 않도록 전략적, 균형적 판단을 잘해야 한다. 현재의 총체적인 국익과 상당기간 미래 전략의 관점에서 한-미 동맹 유지가 더 중요하다는 데 국민적 합의가 있다는 것이 보다 중요한 전략적 고려사항이다.

5. 한-일 관계는 회복될 수 있을까?

한-일 관계의 역사와 현황은 반복해 논할 필요가 없을 만큼 우리 모두가 잘 알고 있다. 오랜 역사 속에 이웃국가인 한국과 일본, 그 관계의 역사는 너무나 깊고 넓고 크다. 물론 한반도와 중국의 관계 역시 그렇다. 다만 국제질서가 크게, 가파르게 대 변혁을 겪기 시작한 최근에 와서 그 양국관계가 왜 악화일로를 걷고 있는지는 살펴봐야 한다. 특히 국민과 기업의 입장에서 볼 때 그 피해가 너무 크기 때문이다.

물론 한국은 동북아 지역의 주역 3국 중 한 나라로서의 입장을 살펴봐야 한다. 그것도 남북한으로 분단된 상황이 지속되는 가운데 G-2 대국으로 자리매김한 중국의 존재가 있고, 이에 일본이 미국과 연대하여 대결하는 형국이 계속되는 동북아 지역의 전략환경을 잘 짚어봐야 한다

최근 2~3년간 한-일 관계의 진행 과정을 살펴보면 그야말로 파국 상황이다. 최근의 상황악화는 2018년 한국 대법원의 일제징용피해자 배상판결이 기폭제가 되었다. 이에 맞서 일본은 '1965년 한-일 청구권협정' 이행을 주장한다. 국내법과 국제법의 충돌로 볼 수 있으

며 결국 그 해결은 외교가 담당할 수 밖에 없다고 본다.

대부분의 선진국들이 국제법과 국내법의 충돌을 피하기 위한 헌법적 원칙을 마련하고 있으며 최고법원은 고도의 정치영역에 속하는 외교문제에 대해 '사법자제'원칙을 적용하고 있다. 우리 대법원의 판결은 사법자제는커녕 법리를 떠나서 다분히 국내 정치적 판단을 한 것이 아닌가 보여진다. 정부의 입장도 한-일 관계 개선을 위한 외교적 노력보다는 반일본 정서를 부추겨 국내정치에 이용하는 것이 아닌가 의심이 들 정도이다. 일본 아베 정부도 반한 감정을 드러내는데 급급하고 외교적 해결을 위한 묘안을 내놓지 않았다.

위에서 언급한 국익외교, 초당적 외교라는 외교 본령의 관점에서 한-일 관계의 문제점을 살펴보면, 최악의 한-일 관계는 또 하나 외교 실종의 현상이기도 하다. 일부 뜻있는 학계, 재계, 민간포럼 등이 여러 해법을 제시했지만 정치지도자들에게는 마이동풍인 듯 보인다. 더구나 국익을 우선해야 할 외교가 국내정치의 종속변수가 된 상황에서 외교력은 발휘되기 힘들다. 우리의 대일관계는 반일이라는 정치 프레임이 지배하는 한 개선이 불가능할 지경이다. 아베 총리와 현 스가 총리에 이르기까지 일본의 외교도 국내정치에 관점이 맞춰진 측면이 없는 것은 아니지만 국제법 원칙에 따른다는 입장을 고수한다. 그 입장은 국제사회에서 정당성을 갖는 것으로서 하나의 강점으로 평가되고 있다.

III. 북한의 현 상황과 체제 전망

1. 북한의 현 상황

1990년 냉전종식과 더불어 공산주의가 무너지고 세계 질서가 자유민주주의 시장경제체제로 대전환 하였다. 그러나 북한은 일단 살아남았다. 지난 30년 동안 북한은 가중된 경제난 속에 붕괴 위험을 여러 차례 겪으면서도 공산체제를 근근이 유지해왔다. 전체주의적 일당독재와 김일성, 김정일, 김정은에 이르는 3대 세습통치가 언제까지 존속될지, 아니면 종말이 다가오는지 판단은 결코 쉽지 않은 일이다.

그 동안 늘 북한은 겉으로는 유일수령체제가 건재한 듯 보여졌다. 그러나 국제사회가 금지하는 핵무기 개발을 계속함으로써 국제사회로부터 점점 강화된 제재를 받게 되었다. 그 결과 경제난도 더욱 가중되어 왔고 체제유지가 위험에 처한 것도 여러 번 있었다.

조금 더 구체적으로 살펴보자. 김정은은 2012년 집권 후 첫 공개연설에서 "다시는 인민이 허리띠를 조이지 않고 사회주의 부귀영화를 누리게 하겠다"고 약속했다. 젊은 나이의 유일 수령으로서 권력장악을 위해서는 공포정치(장성택 처형 등)를 감행하는 한편 경제(인민 삶의 향상)가 중요함을 잘 알고 있었다. 조부인 김일성을 닮으려는 행태를 보였고 통치전략도 따랐다. 그러나 3차례의 핵실험, 여러 차례의 중-장거리 미사일시험발사 등 호전적 행보는 UN을 비롯한 국제사회의 대북 제재(sanction)를 최고조로 강화시킴으로써 경제가 극도로 핍박해지는 결과를 자초했다.

2016년에는 핵과 경제의 병진노선을 제시하였다. 그렇지만 결국 4년여가 지난 8월 노동당 7기 제6차 중앙위 전원회의에서 "인민생

활을 뚜렷하게 향상시키지 못했다"고 경제적 고난을 토로하였다. 유일수령은 어떠한 경우라도 실수를 인정하지 않는데, 예상 밖의 일이었다. 그의 병진노선이 실패한 것임을 보여주는 대목이다.

워싱턴에 소재한 전략국제문제연구소(CSIS) 한국 석좌(Korea Chair)인 Victor Cha교수는 작년 10월 한 토론에서 북한이 2020년 내내 3중고(Triple Whammy) ― ① 코로나 판데믹 위험 ② 홍수 등 자연재해, ③ 국제사회의 제재를 겪으며 심각한 경제난국에 처해있다고 진단하였다. 작년 2월초 코로나바이러스 전파를 이유로(WHO는 북한 내 바이러스 감염이 수천 단위 cases로 추정) 국경을 봉쇄해 중국과의 밀무역도 차단되었다. 북한의 생명줄(life-line)이라 할 수 있는 중국마저 대북지원을 대폭 감축하는 상황이 겹쳐졌다. 김정은의 홍수피해 복구현장 빈번한 방문, 북한인구 60% 식량결핍이라는 세계식량프로그램(WFP)의 발표가 이를 말해준다.

2. 북한 핵개발의 패러독스

북한의 인민경제는 바닥날 지경에 이르렀고 체제를 버텨줄 3백만 평양시민들이 동요하는 조짐도 보이고 있다. 북한의 체제붕괴가 다가오는 느낌을 받는다. 거슬러 올라가면 그 근저에는 북한 핵개발이 갖는 패러독스가 존재한다.

그 패러독스는 간단히 설명된다. 북한이 유일수령 3대에 걸쳐 체제유지를 위해 핵개발을 수단(체제유지의 보검)으로 삼았는데, 바로 그 핵개발에 발목이 잡혀(국제사회 제재를 받아 경제가 소생불능 상태로 피폐해져서) 오히려 체제붕괴에 이르게 된다는 역설이다. 이는 또한 개혁/개방을 시도할 기회를 갖기는커녕 국제사회로부터 고립을 자초하는 결과가 되었다.

김정은의 정권장악 10년 경과하는 2021년 그리고 그 후 북한체제는 어떻게 될까? 북한 핵개발의 패러독스가 존재하는 한, 다시 말해 핵을 포기하지 않는 한 북한체제는 그대로 생존 불가능하다고 본다. 현재대로라면 북한의 체제붕괴는 If의 문제가 아니고 when의 문제이다. 변수가 있다면 김정은이 핵개발을 여하히 포기하느냐 또는 포기하게 하느냐, 이를 둘러싼 한, 미, 중 3국의 대북 전략, 정책이 여하히 전개되느냐에 달려있다.

김정은은 한, 미, 중 3국 중에서 대미관계를 더 중요시 하는 것으로 보인다. Victor Cha교수에 따르면 김정은은 작년 11월 대선에서 트럼프의 당선을 기대했을 것이라고 분석하였는데, 쇼 기질을 가진 트럼프와 쉬운 딜(deal) 가능성에 주목했을 것이다. 그러나 바이든 당선 이후 김정은은 어떤 형식으로 축하를 표시했는지 안 했는지 불확실하다.

김정은은 작년 1월에 이어 금년 초에도 관례적인 신년사를 발표하지 않았고 인민에게 보내는 간략한 친필 메시지로 대신하였다. 3중고에 시달리는 인민들에게 내 놓을 말이 없을 뿐만 아니라 김정은이 중요시하는 대미 관계의 관점에서도 숨을 죽이고 바이든 정부의 취임 일성을 들어보려는 속셈일 수도 있다. 우리와 미국의 정부교체 시기에 보여왔던 도발적 시위(중-장거리 미사일 발사 등)는 자제하면서 향후 행보를 계산하고 있을 것이다.

3. 북핵 관련 한-미 공조와 다자협상

여기서는 (앞에서 바이든 정부의 대북정책의 대강을 이미 살펴봤으므로 반복을 피하고) 바이든 정부의 북한에 대한 생각(perception) 변화여부를 현 한국정부의 대북관계와의 상관관계 측면에서 전망해 본다.

지난해 11월 대선토론에서 트럼프가 "김정은과 '좋은 관계'"라고 말하자, 바이든은 "(2차 세계대전 직전) 히틀러가 유럽 이웃국가를 침공하기 전에 그들과 좋은 관계를 유지한 것과 다를 바 없다"고 비판하였다. 이로부터 바이든 대통령의 대북 시각을 생각해볼 수 있는데 결코 유화적(appeasing) 태도는 보이지 않을 것이라는 점이다. 현 문재인 정부가 미국에 동참을 요구하는 '종전선언'과 같은 유화정책을 받아들일 가능성은 전혀 없을 것이다.

바이든이 부통령으로 재직한 오바마 정부에서와 유사한 대북접근이 반복될까? 2009년 오바마 대통령은 핵개발중인 북한과 이란에 대해 동시에 대화를 제의한(unclenching my hands) 적이 있는데, 이란은 이를 받았고 협상을 시작해 2015년 합의(JCPOA)에 이르렀다. 당시 북한 김정일은 오바마 제의를 거부했는데, 북한이 오바마 대통령의 제의를 받아드릴 사정이 아니었다고 분석된다. 2008년 8월 김정일은 자신이 뇌졸중으로 쓰러져 외부와 협상은 생각할 겨를이 없었고 오직 후계자 체제를 정비하는데 몰두할 수밖에 없었다.

현재 북한을 둘러싼 전략환경은 10년 전과 크게 달라졌다. 3중고를 겪고 있는 북한이 어떤 태도로 나올지 불확실하나 바이든 정부가 대화를 제의하면 대화가 시작될 가능성은 크다. 미-북 대화 시작에 대한 한국정부의 태도도 중요해졌다. 전통적으로 미국정부는 민주, 공화를 떠나 항상 한-미 동맹을 중시하고 대북접근과 정책에 있어서 과거 역대 한국정부와는 긴밀한 공조를 취해왔다. 그러나 친북성향의 현 정부와는 대북 정책공조와 공동전략 수립에 있어 난항을 겪을 것으로 보인다.

아마도 김정은으로서는 3중고의 절박한 상황에서 생존의 돌파구를 마련할 필요성이 크므로 미국과의 대화, 현 한국정부가 바라는 직접대화를 선호할 지도 모른다. 바이든 정부는 이란 핵문제 해결의 방식 즉, 다자협상을 제의할 가능성이 크다. 오바마 정부 때 이루어진 이란과의 핵 협상에는 중국과 러시아 그리고 유럽 3국(영국, 불란서, 독일) 핵 비확산 관련 유엔안보리 5개 상임이사국외에 EU 에너지 정책의 중심인 독일이 참여하였다.

이를 참고해 본다면, 북한과의 다자협상에 북한문제에 이해관계가 큰 일본이 참여를 원할 것인데, 현 정부 하의 한-일 관계 상황이 어떻게 작용할 지 불확실하다. 역설적으로 이는 한-일 관계가 회복되는 기회를 제공할 수도 있을 것이다.

* * * * * *

저자 약력

한 석 희

연세대학교 국제대학원 교수로 재직 중이다. 연세대학교 정치외교학과를 졸업하고 미국 터프츠대학 플래처스쿨에서 박사학위를 받았다. 중국 북경대학교에서 강의하였고, 중국사회과학원에서 특임연구원으로 재직하였다. 2015-2017년에 주상하이 한국 총영사를 역임하였다. 중국 외교안보 및 중국의 권력정치 등이 전문 분야이다.

박 흥 순

선문대학교 명예교수, 유엔한국협회 부회장 및 세계유엔체제학회(ACUNS) 이사로 재임하고 있다. 주요 전공분야는 유엔체제 전반, 국제기구, 다자외교 및 한국의 외교정책 등의 연구, 교육 및 정책개발이다. 한국유엔체제학회회장, 외교부정책자문위원, 유네스코 한국위원회위원, 국제교류재단공공외교심의원장을 역임하고, 유엔총회, 유네스코총회, ASEF총회 등에 한국대표로 활동하였다. 또한 연례 한.중.일 청년 포럼 및 모의유엔회의를 포함하여, 아시아대학연합(AUF) 사무총장으로서 아시아 각국의 대학 및 대학생의 다양한 국제교류활동 지도에 참여하였다. 『국제기구론』, 『유엔과 세계평화』(공저), 『국제기구와 한국외교』(공저)등 저서와 "한반도 평화와 DMZ 국제기구유치", "한국의 PKO 참여정책 분석", "반인도 범죄와 국제정의", "동아시와 유엔의 역할"(영문) 등 많은 연구논문이 있다. 미국 남캐롤라이나대학교(USC)에서 국제정치학박사를 취득하고, 선문대학교에서 교수, 국제교류처장, 국제평화대학장, 대학원장을 역임하였다.

이 신 화

고려대학교 정치외교학과 교수 겸 평화와 민주주의연구소 소장이며 대한민국 공공외교위원회 민간위원, 국방부 소요검증위원회 자문위원, 육군발전위원이다. 미국 메릴랜드 주립대학교 국제정치학 박사, 하버드대학교 국제관계연구소(CFIA) post-doc 펠로우, 유엔 코피 아난 사무총장 르완다학살독립조사위 자문관, 유엔사무총장 평화구축기금(PBF) 자문위원, 동아시아비전그룹(EAVG) 의장자문관, 유럽 GR:EEN의 국제네트워크 자문위원, 호주 아태보호책임(R2P)센터 국제자문교수, 고려대학교 국제처장, 서울국제포럼 연구위원장, 콜럼비아대 정치학과와 SIPA의 초빙강의교수, MIT의 국제문제센터(CIS) 방문학자 등을 역임하였다. 주요 저서로는 "유엔 다자주의 틀에서의 강대국 정치: 안보리 결의안과 미중안보경쟁"(2018), "South Korea's Refugee Policies: National and Human Security Perspectives"(2019), "평화외교와 안보공공외교로서의 PKO에 관한 고찰"(2019), "Is the Liberal International Order at Risk? Causes and Remedies"(2019), "Post-American World에서 미국 예외주의의 다양성: 오바마 독트린 실패의 교훈과 바이든 행정부의 도전"(2020) 등이 있다.

손 성 환

외교부에서 기후변화 대사 및 주스웨덴 대사를 역임하였으며, 현재 한국외국어대학 LT학부에서 초빙교수로 국제협상론을 강의하고 있다. 외교부 기후변화 대사 재직 시 녹색기후기금(GCF)의 인천 송도 유치에 관여한 것이 계기가 되어 2016년부터 인천시 GCF 자문대사 및 인천 기후환경 연구센터의 고문을 맡고 있다. 또한 국제 환경 NGO인 세계자연기금(WWF) 한국본부의 이사장으로 봉사하고 있다.

김 상 배

서울대학교 정치외교학부 교수로 재직하며 '정보혁명과 네트워크의 세계정치'를 전공 분야로 연구 및 강의하고 있으며, '정보세계정치론', '탈근대세계정치론', '국제정치학개론', '지구화시대의 공공외교' 등의 과목을 가르치고 있다. 현재 서울대학교 국제문제연구소 소장과 서울대학교 미래전연구센터 센터장을 맡고 있으며, 한국국제정치학회 부회장, 총무이사, 연구이사와 정보세계정치학회 부회장을 역임했다. 주요 연구업적으로는『버추얼 창과 그물망 방패: 사이버 안보의 세계정치와 한국』(2018), 『아라크네의 국제정치학: 네트워크 세계정치이론의 도전』(2014년도 한국국제정치학회 학술상 수상도서), 『정보혁명과 권력변환: 네트워크 정치학의 시각』(2010), 『정보화시대의 표준경쟁: 윈텔리즘과 일본의 컴퓨터산업』(2007) 외 다수가 있다. 미국 인디애나대학교에서 첨단기술 분야에서 벌어지는 미국과 일본의 글로벌 패권경쟁을 주제로 정치학 박사학위를 받았다. 이러한 연속선상에서 최근 미국과 중국의 신흥권력 경쟁 및 그 사이에서 한국이 모색할 중견국 외교전략에 대한 연구를 진행하고 있다.

이 재 승

고려대학교 국제학부 및 에너지환경대학원 교수로 재직 중이며, 유럽연합(EU)이 수여한 장 모네 석좌교수를 맡고 있다. 노르딕-베네룩스 센터장 및 최종현 학술원 이사로 재임하고 있으며, 존스 홉킨스 대학 고등국제관계대학원(SAIS) 선임객원학자를 역임했다. 외교부 외교안보연구원 교수, 자체평가위원 및 자문위원으로 활동해 왔으며, 아시아·유럽 에너지정책네트워크(AEEPRN) 의장을 맡고 있다. 국제정치경제 분야의 전문가로 지역협력, 에너지 안보, 및 유럽 정치경제와 관련한 연구를 수행해 왔다. 주요 저서로『지역협력의 조건: 초기 유럽통합의 재고찰과 동북아시아에의 함의』,『에너지와 안보 (역서)』등이 있으며, "Building the Pillars of the EU-South Korea Strategic Partnership", "South Korea's Urban Green Energy Strategies"를 비롯한 다수의 논문들을 국내외에 출간했다. 서울대학교 정치학과를 졸업하고 예일대학교에서 정치학 석·박사 학위를 취득하였다. 국내외 주요 일간지에 칼럼을 기고하고 있으며, BBC, CNN에 국제문제 관련 자문과 인터뷰를 맡아왔다.

이 호 진

서울대학교 법과대학과 대학원을 졸업하였다. 1974년 외무고시를 통해 외교관이 된 후 외교부 본부, 미국과 유럽, 아시아 지역 해외공관의 여러 직책에서 외교임무에 종사하였다. 2001~2010년간 유엔, 헝가리, 핀란드 등 주재 대사를 역임하였으며, 그간에도 UN관련 각급 회의와 위원회의 수석대표 또는 의장 역할을 수행하였다. 2010년 퇴임 후 워싱턴 소재 브루킹스(Brookings)연구소와 전략국제문제연구소(CSIS)의 Guest Scholar로서 초빙되어 학술, 연구 활동을 하였으며, 2012~19년 법무법인 '율촌'의 고문으로서 일하였다. 현재 유엔한국협회 회장(대행)이며, UN관련 '포괄적핵실험금지조약기구(CTBTO)' 현인그룹(EPG) 멤버, 유럽 국제민주주의전환센터(ICDT) 국제이사로도 활동 중이다.

세계 대전환 포스트-코로나, 바이든 시대, 지구촌 미래

초판 1쇄 인쇄	2021년 1월 15일
초판 1쇄 출판	2021년 1월 20일
공 저	한석희, 박흥순, 이신화, 손성환, 김상배, 이재승, 이호진
기 획	유엔한국협회
주 소	서울시 종로구 새문안로 92 오피시아빌딩 813호
전 화	(02)774-0456
펴 낸 곳	다해
주 소	서울시 중구 충무로 29(아시아미디어타워 703호)
등록번호	301-2011-069
전 화	(02)2266-9247
ISBN	979-11-5556-183-6 93300
가 격	12,000원

저작권자 ⓒ 2021.
(사) 유엔한국협회

이 책의 저작권은 저자에게 있습니다. 서면에 의한 저자의 허락 없이
내용의 일부를 인용하거나 발췌하는 것을 금합니다.